Winfried Bachmann

NLP – Wie geht denn das?

Eine Einführung in die Kunst des Fragens und des systemischen NLP

Winfried Bachmann

NLP
Wie geht denn das?

Eine Einführung in die Kunst des Fragens und des systemischen NLP

Mit einem Vorwort von
Dr. Hans Rosenkranz

Junfermann Verlag · Paderborn
2002

2. Aufl. 1996
3. Aufl. 1998
4. Aufl. 2001
5. Aufl. 2002
Illustrationen: Peter Späth

Satz: La Corde Noire – Peter Marwitz, Kiel
Druck: PDC – Paderborner Druck Centrum

Die Deutsche Bibliothek – CIP-Einheitsaufnahme
Bachmann, Winfried:
NLP – Wie geht denn das: Eine Einführung in die Kunst des Fragens und des systemischen NLP / Winfried Bachmann. – Paderborn: Junfermann, 1995
ISBN 3-87387-141-6

NE: GT

ISBN 3-87387-141-6

Inhalt

Gewidmet meiner Frau Fiona
für ihre Liebe und Mitarbeit

Vorwort von Dr. Hans Rosenkranz

„Ich wußte nicht, was ich fragte, bevor ich nicht deine Antwort darauf hörte." – Dieser Satz bringt viel von der menschlichen Realität zum Ausdruck. Wir sind verflochten mit anderen und lernen uns selbst erst kennen in der Frage an diese Welt und in den Antworten, die wir darauf bekommen. In der Tatsache, daß der Mensch fragend die Welt erobert, kommt sein Wesenskern zum Ausdruck. Indem der Mensch in Frage stellt, zeigt er Nichtfestgelegtheit, Flexibilität und Freiheit ebenso wie soziales Angewiesensein, Zugehörigkeit und Verflochtenheit in sozialen Systemen.

Es hat sich herumgesprochen, daß gute Berater – ob sie nun therapeutisch, als Coach oder mit Teams und ganzen Organisationen arbeiten – vor allem eines beherrschen müssen: das Fragen (hinzu kommt – und dies wäre ein eigenes Buch wert: das Zuhören).

Genug Gründe, sich ausführlich mit dem Fragen zu beschäftigen!

Der Teufel sitzt dabei allerdings im Detail. Sie selbst, verehrter Leser, können an Ihrem Fragestil und der Art und Weise, wie Sie mit den Antworten umgehen, erkennen, welchen Überzeugungen und Wertvorstellungen Sie anhängen. Und indem Sie Ihren Fragestil bewußt verändern, verändern Sie auch Ihre Sicht der Welt.

Gehören Sie selbst zu den Antwort-Gebern, die schon selbst die Antwort in die Frage „einprogrammieren" und dadurch ... na ja ... Kommunikation zumindest asymmetrisch gestalten? Fragen sind immer auch ein Führungsinstrument. – „Wer fragt, der führt." Die Engländer nennen Fragen, die Lösungen schon suggerieren: „leading questions". Sind Sie der Typ des Fragenden, der vor allem fragt, um sich selbst darzustellen?

Wie gefallen Ihnen meine Suggestiv-Fragen?

Wie würden Sie statt dessen fragen?

Professionelle Berater lernen, offene Fragen zu stellen, bei denen Sie es ertragen müssen, zunächst keine Antwort zu wissen. Statt dessen helfen sie dem, der das Problem hat, an seinen eigenen Lösungen zu arbeiten und die Verantwortung bei sich zu lassen.

Winfried Bachmann hilft Ihnen mit diesem Buch, sich selbst als Fragender zu qualifizieren, der voll Interesse und liebender Neugier am anderen seine Fragen stellt, dem es darum geht, etwas von der ganz subjektiven Realität des Gesprächspartners zu erfahren. Das Fragen behandelt er dabei als Leitmotiv, um – en passant – in das Neurolinguistische Programmieren (NLP) einzuführen, jenen Denk- und Handlungsansatz, der aus der Beobachtung genialer Kommunikatoren gewonnen wurde: Milton Erickson, Fritz Perls und Virginia Satir. Er geht auf wichtige theoretische Schwerpunkte kurz ein und führt Sie schnell zu dem, was Sie mit dieser Technik machen können. Die Quintessenz aus beidem – dem Fragen und dem, was NLP leisten kann – können Sie in den praktischen Übungen zum Selbst-Coaching für Ihre persönliche Entwicklung nutzen. Dieser Teil gefällt mir besonders, weil er Sie mit essentiellen Lebensfragen in Kontakt bringt und aufzeigt, wie wertvoll beide Ansätze sein können, wenn sie in ihrem systemischen Kontext gesehen werden.

Bevor Sie sich nun zu langweilen beginnen, das Vorwort überblättern und gleich zum Hauptteil übergehen, gestatten Sie mir noch einige Fragen: Warum haben Sie sich für dieses Buch entschieden? Was wollen Sie am Ende gelernt haben, worüber wollen Sie mehr wissen? Woran werden Sie merken, daß Sie dieses Buch mit Gewinn gelesen haben?

Selbst wenn Sie diese Fragen vor der Lektüre des Buches nicht beantworten können, so werden Sie doch aufmerksam und hoffentlich auch neugierig. Eine Frage kann den Punkt treffen und eine Kaskade von heilenden Prozessen beim Befragten auslösen, vielleicht sogar seine Sicht der Welt verändern. Oder sie kann verpuffen wie ein falsch gesetzter Billardstoß: ohne Wirkung.

Ich selbst arbeite sehr viel mit Fragen. Immer wieder ist es für mich verblüffend, zu sehen, was geschieht, wenn ich die implizite Erwartungshaltung der Führungskräfte in meinen Seminaren enttäusche: Ich gebe Ihnen keine Antworten, sondern begleite sie und nehme nur eine fragende Haltung ein. Manchmal stelle ich Ihnen eine Frage zu Ihrer Frage. Ich lenke damit die Aufmerksamkeit, und manchmal weiß ich gar nicht so genau, wohin eigentlich. Das findet der Befragte dann für sich heraus.

Es ist Winfried Bachmanns Verdienst, uns die Bedeutung des Fragens in Erinnerung gerufen und sie in anschaulicher und anregender Weise vor uns aufgefächert zu haben. Gleichzeitig gelingt ihm eine Einführung in das NLP, die ihresgleichen sucht. Das Buch ist eine praktische Anleitung dafür, wie durch Worte und besonders durch Fragen Entwicklungsprozesse angestoßen werden können. Ich wünsche ihm viele fragefreudige Leser.

Noch Fragen? – Dann holen Sie sich einige Anregungen für Ihre eigenen Lösungsversuche aus diesem Buch!

Dr. Hans Rosenkranz

„NLP – wie geht denn das?" – Eine Einführung

Ich beglückwünsche Sie zu Ihrer Frage!

Denn es ist eine sehr wichtige Frage, die Sie gestellt haben. Sie zielt mitten ins Herz eines der innovativsten Kommunikationsmodelle, die ich zur Zeit kenne.

Und vielen Dank für Ihre Frage!

Denn Ihre Frage – an mich gestellt – zeugt von Vertrauen und von der Erwartung, daß ich sie Ihnen beantworten kann.

Ich möchte diese Frage im Rahmen des vorliegenden Buches gerne beantworten. Damit dies aber möglich ist, benötige ich einige Informationen, die in einem Gespräch automatisch gegeben sind, die mir aber – vor meinem Computer sitzend – schlichtweg fehlen. Man steigt z. B. nicht mit Fragen wie „NLP – wie geht denn das?" in ein Gespräch ein, sondern hat sich in der Regel vorher über dies und das unterhalten, dabei sind wir uns dann irgendwie auch schon persönlich nähergekommen, ich habe einiges von mir – von meinem Werdegang, meinen Interessen – preisgegeben und Sie dies in gleicher Weise. Wir kennen auch den Anlaß und den Rahmen unseres Gesprächs – es könnte sich um ein formales Vorstellungsgespräch im Konferenzraum eines Unternehmens handeln, oder die Frage wurde in einem Seminar gestellt oder auch an einem Biertresen. Mit Anlaß und Räumlichkeiten sind auch schon zeitliche Vorgaben gemacht, denn es versteht sich von selbst, daß die Antworten je nach Ort in ihrer Ausführlichkeit stark variieren.

Lassen Sie mich deshalb für dieses Buch und unseren Kontakt *einige Vorannahmen* treffen, damit Sie und ich uns besser orientieren und verstehen können:

- Ich gehe davon aus, daß Sie **schon manches von NLP gehört** haben, bevor Sie diese Frage stellten. Sie sind durch das, was Sie gehört haben, neugierig geworden und möchten sich nun näher informieren, was es mit diesem Konzept auf sich hat. Ich vermute, daß Ihnen nicht damit gedient ist, wenn ich nun ganz von Anfang an Geschichte, Hintergründe, Worterklärung etc. wiederhole. Ich werde statt dessen in das Thema hineinspringen und Ihnen nur noch die Aspekte mitteilen, die meiner Ansicht nach dieses Modell gegenüber allen anderen auszeichnen. Das soll dann an thematischer Einführung genügen.

- Ferner möchten Sie – so meine Vorstellung – mit dieser Frage von mir **praktische Hilfen zur Umsetzung einholen**, sie möchten bei sich selbst Veränderungen einleiten. Sie sind weniger an theoretischen Abhandlungen interessiert, Ihr Interesse gilt praktischen Beispielen, Übungen und guten Anleitungen. Das ist auch mein Anliegen.
- Weiterhin möchte ich **einen beruflichen Kontext zugrunde legen**: Ich bin von Haus aus Wirtschaftspädagoge und Managementtrainer und werde mich bei den Beispielen und Anwendungsfällen auf diesen Kontext beziehen.
- Darüber hinaus gehe ich davon aus, daß Sie **als Einzelperson NLP für sich und auf sich selbst bezogen anwenden möchten**. Sie möchten – wie man so schön sagt – Ihre Selbstorganisation, Ihr Selbst-Coaching, Ihr Selbstmanagement verbessern. Mit dieser Vorannahme treten sämtliche Überlegungen und Erklärungen von NLP-Methoden in den Hintergrund, die sich auf die zwischenmenschliche Kommunikation in Gesprächen, Gruppen, Teams oder Organisationen beziehen.[1]
- Schließlich schreibe ich dieses Buch als **unmittelbar Betroffener**, d.h., ich kann und möchte nicht über Selbstmanagement schreiben, sondern die Anleitungen und Übungen betreffen immer auch mich selbst in meinen verschiedenen Kontexten und Rollen als Individuum, als Trainer, als Autor, als Ehemann, als Vater, als Freund, usw. Insofern schreibe ich dieses Buch auch für mich.

Wenn Sie mit diesen fünf Vorannahmen einverstanden sind, dann werde ich mich bemühen, im Rahmen von etwa 140 Seiten Ihnen das Beste darzubieten, was aus meiner Sicht das NLP zum Selbstmanagement zu bieten vermag.

Meine Antwort auf Ihre Frage „NLP – wie geht denn das?“ umfaßt dabei die folgenden vier Kapitel:

1. ***NLP – die Kunst des Fragens wiederentdecken*** – In diesem Kapitel möchte ich das Fragen als typische Methode für das NLP herausstellen.
2. ***Die Frage als Motor für Veränderungen nutzen*** – Hier werde ich beleuchten, welche Bedeutung das Fragen für unsere persönliche Entwicklung hat.
3. ***Wie verstehe ich NLP? oder: Wie ordne ich meinen Ansatz in die NLP-Landschaft ein?*** – In diesem Abschnitt werde ich die Stärken des NLP herausarbeiten und meinen Ansatz mit anderen NLP-Ansätzen vergleichen.
4. ***Trainieren Sie sich selbst: Werden Sie Ihr eigener Coach!*** – In diesem Kapitel möchte ich Ihnen schließlich Übungen zum Selbstmanagement vorstellen, damit Sie sich selbst einen Eindruck vom gewaltigen Veründcrungspotential des NLP verschaffen können!

1 NLP – die Kunst des Fragens wiederentdecken

1.1 Wieso sind Fragen für das NLP so wichtig?

Im Grunde genommen ist eine Frage als Buchtitel eines NLP-Buches typisch für dieses Konzept. Denn Fragen, genauer: die intensive Suche nach guten Fragen, waren der auslösende Faktor für die Entwicklung dieses Kommunikationsmodells. Ganz zu Anfang beschäftigten sich Richard Bandler und John Grinder mit den herausragenden Fähigkeiten bekannter Therapeuten und stießen – nachzulesen in ihrem ersten Buch *Metasprache und Psychotherapie. Die Struktur der Magie I* – zunächst auf sprachliche Fähigkeiten und hier insbesondere auf die ungeheure Veränderungskraft, die in gut gestellten Fragen enthalten ist.

Nun sind Fragen ja an sich nicht etwas völlig Neues und Unbekanntes; jeder Mensch kann Fragen stellen, Fragen an sich selbst und an seine Mitmenschen. Die herausragende Wirkung guter Fragen und damit ein gewichtiges Unterscheidungsmerkmal zwischen einzelnen Menschen enthüllt sich erst dann, wenn man

1. die gestellten Fragen hinsichtlich ihrer Qualität, ihrer Güte näher untersucht,
2. sich genau betrachtet, wie die Fragenden mit den Antworten auf ihre Fragen umgehen, und
3. was sie dann – auf ihre Veränderungsziele hin – weiter unternehmen.

Und da sind zwischen Menschen gewaltige Unterschiede auszumachen. Das hatten Bandler und Grinder erkannt, und mit dem *Metamodell der Sprache* erschufen sie zunächst ein Instrument für Therapeuten, um diesen zu helfen, „hinter" die Aussagen ihrer Klienten zu blicken ... mit dem Ziel, auf ähnlich elegante Weise wie die analysierten „therapeutischen Zauberer" Veränderungsprozesse in Gang setzen zu können.

Seit diesen Anfangszeiten des NLP sind viele Methoden, Techniken und Verfahren entwickelt worden, welche spezifische Aspekte des Veränderungsprozesses näher beleuchten ... und in deren Gefolge sind viele Fragenkataloge entworfen worden, die als Gerüst dienten, um der „Struktur der Magie", der *„Struktur des subjektiven Erlebens"* von Menschen, auf die Spur zu kommen.

Das Sprachmodell „Neurolinguistisches Programmieren" – ursprünglich nur als ein winziger Baustein im Rahmen anderer therapeutischer Konzepte geplant – hat sich dann innerhalb kürzester Zeit zu einem komplexen und einzigartig konstruktiven Instrument gemausert, welches sämtliche Aspekte und Strukturen des menschlichen Verhaltens und Kommunizierens untersucht. Mit dieser methodischen und inhaltlichen Ausweitung konnten selbstverständlich auch die Grenzen einer ausschließlich therapeutischen Inanspruchnahme nicht bestehen bleiben ... das NLP wurde schnell auch in anderen Kontexten, wie z.B. bei medizinischen, pädagogischen und ökonomischen Fragestellungen, eingesetzt und hat dort ähnlich positive Wirkungen erzielt wie im therapeutischen Kontext.

Die Arbeit mit Fragen – so die erste Antwort auf die Titelfrage – bietet einen guten Einstieg, um das NLP kennenzulernen und dessen Vorgehensweise („Wie geht denn das?") für die Kommunikation mit sich selbst und mit anderen zu nutzen. Und gute Fragen sind sicherlich nicht nur auf einen einzigen Kontext beschränkt, sondern sprengen Grenzen, öffnen Horizonte und ermöglichen so ganz neue Perspektiven.

Ich möchte Ihnen im Rahmen dieses Buches anbieten, Ihre eigene Fragetechnik mit Hilfe von NLP-Methoden zu entwickeln, Ihren ganz persönlichen Fragen nachzuspüren und so einen Weg zur Weiterentwicklung Ihrer Persönlichkeit einzuschlagen.

Ach ja, eine Frage haben Sie vielleicht noch, die in dieser Einleitung geklärt werden sollte, nämlich: „Was bedeuten eigentlich die drei Buchstaben NLP?"

Nun, NLP steht für Neurolinguistisches Programmieren. Dieses Konzept betont das Vorhandensein von Programmen (Strategien), die jeder Mensch zur Verarbeitung seiner Erfahrungen benötigt und einsetzt. Jedes Programm basiert dabei auf sinnlichen Erfahrungen (= neuro), entweder auf aktuellen (= Erlebnissen) oder vergangenen (= Erinnerungen) oder zukünftigen (= Erwartungen und Befürchtungen). Diese Programme gilt es herauszuarbeiten und ihre Funktionstüchtigkeit in verschiedenen Kontexten zu überprüfen. Zu diesem Zweck dient die Sprache (linguistisch), die sowohl Ausdrucksmittel als auch Denkinstrument darstellt.[2]

1.2 Das Meta-Modell der Sprache

Doch werfen wir zunächst einen Blick auf das Modell, mit welchem das „NLP" begonnen hat – ich meine das Meta-Modell der Sprache. Bandler und Grinder hatten bei ihren Analysen eine bemerkenswerte Entdeckung gemacht und diese konsequent bis zum Ende durchdacht. Die Entdeckung war, daß Menschen mit dem, was sie sprachlich mitteilen, nicht ihre gesamte relevante Erfahrung mitteilen (können), sondern immer nur einen Ausschnitt aus der Gesamtheit.

Sie schreiben: Wenn wir miteinander kommunizieren, „sind wir uns normalerweise des Prozesses der Wortwahl für die Darstellung unserer Erfahrung nicht bewußt. Wir sind uns fast nie dessen bewußt, in welcher Weise wir die Worte, die wir aussuchen, ordnen und strukturieren. Sprache füllt unsere Welt so aus, daß wir uns durch sie hindurchbewegen, wie ein Fisch durchs Wasser schwimmt. Obwohl wir uns der Art, wie wir unsere Kommunikation formen, kaum oder gar nicht bewußt sind, ist unsere Aktivität – der Prozeß des Sprachgebrauchs – stark strukturiert."[3]

Oder anders ausgedrückt: Es muß erst nachgeprüft werden, ob das, was ein Mensch als sprachliche Aussage tätigt, wirklich die wesentlichen Elemente seiner Erfahrung enthält. Die Oberfläche eines Sees sagt nur wenig aus über die wahre Tiefe eines Sees. Und das, was wir sagen, ist eben nur die Oberfläche; das, was wir erfahren haben, steht hingegen für die Tiefe.

Um diesen Unterschied deutlich zu machen, sprechen Bandler und Grinder von *Oberflächen- und Tiefenstruktur einer Erfahrung*. Die Sinneserfahrung – genau, vollständig und unverzerrt – entspricht dabei der Tiefenstruktur, die durch unbewußte Auswahlprozesse umgeformte sprachliche Aussage entspricht der Oberflächenstruktur. Die Autoren beschreiben diesen Zusammenhang mit folgenden Worten:

„Wenn man seine Repräsentation, seine Erfahrung von der Welt, kommunizieren will, bildet man eine vollständige sprachliche Repräsentation seiner Erfahrung; (diese) heißt Tiefenstruktur. Während man zu reden beginnt, trifft man eine Reihe von Wahlen (Transformationen, d.h. Umformungen) zur Form, in der man seine Erfahrungen kommunizieren wird. Diese Wahlen sind im allgemeinen nicht bewußt. ... Unser Verhalten bei diesen Wahlen ist aber regelmäßig und regelgeleitet. Der Prozeß, diese Reihe von Wahlen zu treffen, ergibt die Oberflächenstruktur – einen Satz oder eine Wortgruppe, die wir als wohlgeformte Wortgruppierung unserer Sprache erkennen."[4]

Das NLP ist von Anfang an bestrebt gewesen, nützliche Rückschlüsse aus Erkenntnissen zu ziehen. Die Rückschlüsse, die Bandler und Grinder aus oben beschriebenen Zusammenhängen gezogen haben, lassen sich in zwei Fragen akzentuieren. Sie fragten sich:

Ist eigentlich das, was ein Klient über seine Erfahrung aussagt, für diesen eher hilfreich und entwicklungsförderlich oder eher hinderlich?

Und:

Wie, durch welche sprachlichen Interventionen, können wir dem Klienten wieder den Zugang zu seiner ursprünglichen Erfahrung eröffnen?

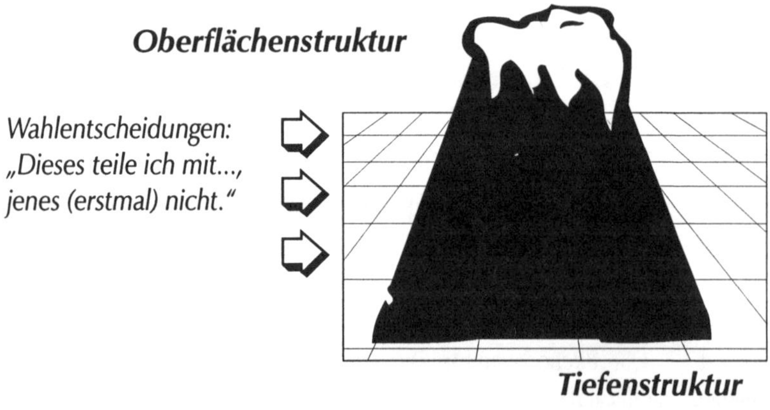

Als Antwort auf die genannten Fragen entwickelten sie das Metamodell der Sprache. Dieses Modell soll als *Analyse- und Kommunikationsinstrumentarium* eingesetzt werden, es dient dazu, den inneren Zusammenhang von Sprache und Erfahrung wieder ins Bewußtsein zu heben,

1. indem Menschen ihre spezifische Art der Ausschnittbildung im Gespräch mit ihren Therapeuten bewußt gemacht wird,
2. über das Bewußtmachen ihrer Erfahrung dieselbe auch wieder „veränderbar" (gestaltbar) wird,[5]
3. um sie auf diesem Wege schließlich zu einem letztlich wachstumsförderlichen Erlebnis für die betreffenden Personen heranreifen zu lassen.[6]

Typisch für die im Meta-Modell verwendeten Fragen ist dabei das Wörtchen *„genau"* („wer / wie / was / wann genau"), d.h., es erfolgt die Suche nach einer möglichst präzisen sinnesspezifischen Beschreibung dessen, was damals passiert ist und was insgesamt von der originären Erfahrung abgespeichert wurde. Durch dieses konzentrierte Nachfragen soll dann der „verlegte" Schlüssel zur originären Erfahrung wiedergefunden werden.

Doch wie sieht nun ihr spezielles Instrumentarium aus? Welche linguistischen (sprachlichen) Verfahren der Ausschnittbildung und damit der „Veränderung" einer Erfahrung haben Bandler und Grinder herausgearbeitet?

Sie beschreiben im wesentlichen *drei Schlüsselverfahren*, die jeder Mensch zur Strukturierung und Verarbeitung seiner Erfahrungen anwendet; es handelt sich hierbei um die sogenannten Verfahren der Generalisierung, Tilgung und Verzerrung.[7]

Ich möchte Ihnen im folgenden diese Verfahren vorstellen und anhand einiger Beispiele erläutern, wie man diese Verkürzungen in der Erfahrung bewußt und damit ein differenzierteres Arbeiten wieder möglich machen kann.

⇨ ***Generalisierung*** bedeutet, daß im Laufe des Verarbeitungsprozesses ein Teil der Erfahrung als repräsentativ für einen gesamten Ausschnitt (eine Kategorie) gestellt wird: Ein Mensch, der zum Beispiel irgendwann in seinem Leben abgelehnt wurde, folgert daraus, daß er generell nicht liebenswert sei.

Ich gebe Ihnen im folgenden noch drei weitere Beispiele. Im Anschluß daran können Sie selbst an einigen Aussagen ausprobieren, ob Sie das Prinzip verstanden haben.

Sprachliche Aussage	**Beispiele, wie die *Generalisierung* mittels gezielter Fragen bewußt gemacht werden kann ...**
„Frauen (Männer) mögen mich nicht!“	„Alle Frauen (Männer)?“ *Ziel der Frage:* „Welche Ausnahmen kennst du für deine Regel?“
„Meine Probleme sind unübersehbar!“	„Jedes deiner Probleme?“ „Willst du damit ausdrücken, daß niemand deine Probleme überblicken kann?“ „Wie müßtest du dich stellen, damit du sie übersehen könntest?“ „Was würde sich eigentlich bei dir ändern, wenn du sie übersehen könntest?“ *Ziel der Fragen:* „Welche Ausnahme kennst du für deine Regel?“ Und: „Was ist dein Anteil an dieser Situation?“
„Niemand achtet darauf, was ich sage!“	„Wirklich niemand?“ „Was würde passieren, wenn jemand dir zuhören würde?“ *Ziel der Fragen:* „Welche Ausnahme kennst du für deine Regel?“ Und: „Welche Konsequenzen ergäben sich, wenn das, was du dir wünschst, eintreten würde?“
Nun sind Sie dran!	
„Das kann nur mir passieren!“	

„Ich muß mich immer um alles kümmern!"	
„Man sollte die Bedürfnisse anderer ernst nehmen!"	
„Du gibst mir nicht genügend Unterstützung!"	
„Ich bedauere meine damals getroffene Entscheidung!"	

⇨ ***Tilgung*** meint, daß „nebensächliche" Elemente schlichtweg weggelassen (herausgefiltert) werden und dadurch als Erklärungshilfen einer Situation, einer Aussage fehlen.

Tilgungen sind in der Regel besonders drastische Reduzierungen der Erfahrungsmodelle von Menschen. So kann zum Beispiel ein Mensch auf Liebesbotschaften anderer heftig warten, aber dann, wenn diese wirklich kommen, dieselben überhören („tilgen"), weil sie nicht mit seinem (geringen) Selbstwertgefühl übereinstimmen.

Weitere Beispiele für Tilgungen:

Sprachliche Aussage	**Beispiele, wie die *Tilgung* mit Hilfe gezielter Fragen ermittelt werden kann ...**
„Er ist der Beste!"	„Der Beste in was?" *Ziel der Frage:* „Welchen Vergleichsmaßstab legst du eigentlich zugrunde?"

„Es ist die Angst, die mich lähmt!"	„Die Angst vor wem oder was?" *Ziel der Frage:* „Welches Teil hast du bei deiner Beschreibung vergessen?"
„Man muß lernen, seine Gefühle im Griff zu haben!"	„Wer ist man?" „Wer will, daß man dies lernt?" *Ziel der Frage:* „Auf welche Bezugsperson berufst du dich bei deiner Aussage?"
Nun sind Sie dran!	
„Er ist ein Versager!"	
„Ich bin aufgeregt!"	
„Mir langt's!"	
„Aggressive Menschen machen mich unsicher!"	
„Das war das Schlimmste, was mir passieren konnte!"	

⇨ ***Verzerrung*** besagt schließlich, daß ein Teil der Erfahrung besonders groß (klein) gemacht wird und dadurch die gesamte Erfahrung in ihrer Erinnerung (Repräsentation) „prägt".
Verzerrungen treten u.a. dann zutage, wenn eine Person zu wissen glaubt, was eine andere wohl über einen Sachverhalt gerade denkt, und

deshalb schon ihr Handeln entsprechend ausrichtet. Das Ergebnis dieser „Gedankenspielerei" ist in der Regel eine hochgradige Verwirrung zwischen den Kommunikationspartnern.

Beispiele für das „Gedankenlesen" und andere Formen der Verzerrung:

Sprachliche Aussage	**Beispiele, wie die *Verzerrung* mit Hilfe gezielter Fragen ermittelt werden kann ...**
„Ich bin mir sicher, daß Sie verstehen, was ich durchmache!"	„Was macht Sie so sicher, daß ich Sie verstehe?" „Woraus schließen Sie, daß ich weiß, was Sie durchmachen?" *Ziel der Fragen:* „Welche Ursache-Wirkungs-Zusammenhänge haben Sie eigentlich miteinander verknüpft?" – „Und was ist mein Teil dabei, was tue ich, das sie zur Verknüpfung benutzen?"
„Du machst mich nervös!"	„Wie schaffe ich das, dich nervös zu machen?" *Ziel der Frage:* „Welche Wahrnehmungen verknüpfst du eigentlich miteinander, so daß o.g. Ergebnis herauskommt?"
„Er berücksichtigt leider nie die Konsequenzen seines Tuns, deshalb muß ich rechtzeitig vorbeugen!"	„Was genau tust du für ihn, das er nicht für sich selbst tut?" „Was tut er nicht, so daß du es für ihn tun mußt?" „Was zwingt dich eigentlich, für ihn vorzubeugen?" *Ziel der Fragen:* „Wie seid Ihr beide eigentlich miteinander verbunden: Was ist dein Teil und was ist sein Teil?" – „Was genau tust du für ihn?" – „Was erwartest du eigentlich von ihm?" – „Was würde passieren, wenn er es plötzlich täte?" In dieser Aussage ist zudem auch eine Generalisierung enthalten: „Wie rechtzeitig ist eigentlich ‚rechtzeitig vorbeugen'?" – „Ist das eigentlich immer so?" –

	„In welchen Situationen hat er einmal die Konsequenzen seines Tuns berücksichtigt?"
Nun sind Sie dran!	
„Ich würde Ihnen gerne diese Frage beantworten, aber das würde uns zuviel Zeit kosten!"	
„Du solltest wissen, daß ich das überhaupt nicht mag!"	
„Sie frustrieren mich!"	
„Ich weiß, was gut für ihn ist!"	
„Alle meinen, ich nehme zuviel Zeit in Anspruch; dabei will ich doch nur das Beste für alle!"	

Da es mir in diesem Buch nicht um ein Training des Meta-Modells der Sprache geht, möchte ich es bei diesen Übungsbeispielen belassen. Die Leser, die sich in dieses Modell einarbeiten wollen, möchte ich auf die Zusammenfassung des Meta-Modells in Leslie Cameron-Bandlers Buch und auf das schon angesprochene Lern- und Übungsbuch von Alexa Mohl verweisen.[8]

Um es nochmals ausdrücklich zu betonen: Wir sind darauf angewiesen, derlei Schlüsselverfahren zu verwenden – wir haben einfach nicht die Zeit, und es macht vielfach auch keinen Sinn, jede Erfahrung bis ins letzte Detail hinein zu rekonstruieren und sämtliche internen Verarbeitungsprozesse und Wahlentscheidungen ins Bewußtsein zu heben. Und in 99% aller Fälle werden wir mit diesen Verfahren gute Erfolge erzielen – und das sollten wir auch würdigen!

Kritisch wird es nur, wenn wir einmal bei wichtigen Erfahrungen unseren „Zugangsschlüssel“ verlegen und uns damit die Möglichkeit verbauen, unsere ursprüngliche Erfahrung zurückzuholen. Dann geraten wir in einen Kreislauf, wo wir nur unsere „verkürzte“ Fassung zur Verfügung haben: Die verkürzte Repräsentation begrenzt unsere Handlungsfähigkeit, weil sie nur für eine geringe Zahl von Situationen angemessen ist – wir geraten immer häufiger in Situationen, wo wir mehr Energie aufwenden müssen, um noch einen geringen Erfolg zu erzielen – dieser hohe Aufwand bei geringem Erfolg wird uns zu dem Schluß verleiten, daß wir für dieses Handlungsfeld wohl nicht geeignet sind – und wieder von vorne beginnend, wird die – durch das Ergebnis bestätigte – verkürzte Repräsentation unsere Handlungsfähigkeit erneut beeinträchtigen, und so weiter.

Das Meta-Modell der Sprache ist also ein sehr effektives Instrument, mit dessen Hilfe Therapeuten ihren Klienten wieder den Zugang zu ihrem ursprünglichen Erleben verschaffen können. Und nicht zuletzt hat die recht einfache Struktur bei hoher Effektivität dieses Modells viele Menschen derart überzeugt, daß „NLP“ sich boomartig ausbreiten konnte.

Das Meta-Modell der Sprache als ein Fragenmodell hilft vieles zu entschlüsseln. Darüber hinaus wurden im NLP noch eine Vielzahl weiterer Fragen und Fragenkataloge entwickelt, die nicht durch das Meta-Modell erfaßt werden. Deren Funktion besteht darin, Systeme auf ihre Stärken und Schwächen hin abzuklopfen. Auf diesen Typ von Fragen habe ich mich in diesem Buch konzentriert. Es geht mir darum, die

Entwicklungsmöglichkeiten aus dem
Reichtum der persönlichen Ressourcen

freizulegen, den Blick in Richtung Fähigkeiten, Ressourcen, Chancen, Ziele und deren Verwirklichung zu lenken ... und dies betrifft sämtliche Lebensbezüge, d.h. psychische, physische, emotionale, finanzielle und soziale Aspekte.

1.3 Systemisches Arbeiten mit systemischen Fragen

Als ich anfing, Fragen und Fragenkataloge systematisch zu sammeln, da fühlte ich mich zunächst förmlich erschlagen von der Fülle, Vielfalt und Verschiedenartigkeit der Fragen und Fragenkataloge, die sich mit Themen wie Ziel, Problemanalyse, Kreativität, Zeitmanagement, Veränderungen in der Zeit und in der Qualität von Ereignissen, persönlichem Lebensmanagement, Sucht und Phobien, Wertehierarchien, Glaubenssystemen, Erfolg und Erfolgsüberprüfung, Kommunikationsmustern, Lernstrategien und vielen weiteren beschäftigen.

Ich habe dann begonnen, diese Vielfalt zu sichten. Dabei wurde mir klar, daß es letztlich doch nur eine endliche, überschaubare Zahl von Grundstrukturen gibt. Denn gemeinsames Ziel aller Fragen bzw. Fragenkataloge ist es, möglichst verschiedene Perspektiven (Betrachtungsweisen) auszuleuchten, um dadurch qualitativ gehaltvolle Aussagen zu einem Sachverhalt, einer Situation, einem Anliegen, einer Idee, einem Problem etc. zu erhalten.

Und die Unterschiede zwischen manchen Ansätzen waren oft gar nicht so originell, wie es Titel und Anspruch eines Ansatzes verhießen. Bisweilen hatte ich den Eindruck, daß die Innovationskraft mancher Entwickler sich mehr in der Umformulierung bestehender Ansätze verlor, als wirklich zu neuen Ufern vorzudringen.

Meine Zugangsfrage zur Sichtung dieser Vielzahl lautet:

Was ist das Gemeinsame in all diesen verschiedenen Anwendungsbereichen und Fragenkatalogen?

Bei meinen Untersuchungen bin ich auf drei inhaltliche Schwerpunkte aufmerksam geworden, die ich in Kapitel 1 noch kurz erläutern möchte.

- Erstens bauen diese Fragenkataloge jeweils ein mehr oder weniger geschlossenes gedankliches System auf; deshalb halte ich es auch für gerechtfertigt, diese Art des Fragens als **systemisches Fragen**[9] zu bezeichnen;
- zweitens zielen diese Fragen darauf ab, Wahl- bzw. Entwicklungsmöglichkeiten aus dem Reichtum der persönlichen Ressourcen zu er-

schließen (siehe dazu mein Verständnis von Persönlichkeitsentwicklung in Kapitel 1.4);

- und drittens möchten diese Fragen als „Hilfe zur Selbsthilfe" fungieren. Die Fragen sollen einen Anstoß geben, damit der sich fragende bzw. befragte Mensch genau weiß, was zu tun ist, und dies auch tut (vgl. dazu dann meine Ausführungen zum Selbstmanagement in Kapitel 1.5).

Doch nun zum ersten Themenkreis, zur Beschreibung und Entwicklung von systemischen Fragen. Ich halte das systemische Fragen für eine intensive „Denkschule", bei welcher die Rahmenbedingungen des Denkens, Lernens und Handelns (die jeweiligen kontextbezogenen Gewohnheiten einer Person sowie deren Versuche, sich mit Hilfe von kreativen Denkansätzen aus den Fesseln der eigenen Rationalität zu befreien[10]) neuerlich einer Prüfung unterzogen werden. Ich halte diesen stetigen Drang zur Flexibilität und zur Entwicklung von Wahlmöglichkeiten im Denken, Lernen und Handeln für **eine der herausragendsten Qualitäten des Neurolinguistischen Programmierens. Kein anderes mir bekanntes Konzept vermag derart intensiv und nachhaltig eigene Denkgewohnheiten herauszuarbeiten und so den Weg frei zu machen für ein „neues Denken und Handeln"**.

Wenden wir uns nun der konzeptionellen Seite des systemischen Fragens zu und damit der *Suche nach den Gemeinsamkeiten der verschiedenen Fragenkataloge*. Dabei geht es mir um zwei Fragen:

1. Welche Kriterien liegen den verschiedenen Fragenkatalogen zugrunde?
2. Wie kann man mit Hilfe dieser Kriterien eigene, auf spezifische Anwendungsbereiche zugeschnittene Fragenkataloge entwickeln?

Zu Frage 1:

Ich möchte Ihnen zunächst meine Zusammenstellung wichtiger Kriterien vorstellen; zum besseren Verständnis habe ich diesen (zur Zeit) zwölf Kriterien Fragen beigefügt, die Ihnen helfen können, die einzelnen Kriterien zu verstehen und anzuwenden. Dieser Kriterienkatalog stellt für mich die Grundlage meiner Arbeit mit systemischen Fragen dar. Ich verwende diesen Katalog schon als ein eigenes System zur Generierung von Fragen.

Kriterien	Ausprägungen (in Frageform)
1. Ich/Person – Umwelt	• Wie erfolgt der energetische Austausch zwischen Person und Umwelt? • Welches Potential zur Lösung steckt in der Person, wo fließt die Energie, wo sind mögliche und reale Hemmnisse wahrnehmbar? • Welches Potential zur Lösung hält die Umwelt bereit, wo fließt die Energie, wo sind mögliche und reale Hemmnisse wahrnehmbar?
2. Nähe – Distanz	• Wie nah heran – wie weit entfernt von Sachverhalt, Problem, Lösung, Person, ... befinde ich mich / positioniere ich mich? • („in ... hinein, verschmelzend" – „dicht davor" oder „daneben" – „mit Abstand, aber engagiert" – „teilnahmslos aus der Ferne")
3. Logische Ebenen des Denkens, Lernens und Handelns[11]	• Frage nach der voraussichtlichen „Gewichtigkeit": Wo, auf welcher Ebene ist das skizzierte Ziel, Problem, ... angesiedelt? • *1. Ebene – Vision und Spiritualität:* Welche Vision trägt und entwickelt das zukünftige System? Welche, über unsere Person, unsere Institution, über unser Unternehmen etc. hinausgehende Vision bewegt uns? • *2. Ebene – Identität:* Welche Identität folgt aus dieser Vision? Wer und wie wollen wir sein in der Zukunft? Was wollen wir über uns sagen und zeigen können? Wie wird es sich anfühlen, so zu sein? • *3. Ebene – Überzeugungen und Werte:* Welche Werte werden besonders wichtig sein? Welche Überzeugungen werden uns durch den Alltag begleiten?

	Wie werden wir diese Werte und Überzeugungen kommunizieren? • *4. Ebene – Ressourcen und Fähigkeiten:* Welche Fähigkeiten und Ressourcen müssen wir wieder aktivieren oder neu erlernen, um das neue System mit Leben zu füllen? Welche sekundären Gewinne müssen wir sicherstellen oder ggfs. aufgeben? • *5. Ebene – Verhaltensweisen und Umgebung:* Wie werden wir uns in diesem neuen System verhalten? Wie wird die Wechselwirkung zwischen unserem Verhalten und der Umwelt wahrgenommen werden und wie werden wir auf diese Wahrnehmungen reagieren?
4. Ressourcen	• Welche Ressourcen benötige ich für meine Tätigkeit? • Über welche der benötigten Ressourcen verfüge ich gegenwärtig schon? • Welche kann ich mir (wie) besorgen? • Welche der Ressourcen werde ich voraussichtlich nie erhalten? Wie kann ich aus dieser „Schwäche" eine besondere „Stärke" meines Projekts machen?
5. „Slack"[12] an Ressourcen	• Wie ist meine gegenwärtige Auslastung? • Über welchen „Slack" an Ressourcen verfüge ich zur Zeit, um mich auf neue Aufgaben und sich abzeichnende und/oder überraschende Veränderungen vorbereiten zu können? • Wo, in welchen Bereichen habe ich zur Zeit Überfluß? • Wo, in welchen Bereichen bin ich gegenwärtig ausgelastet? • Wo, in welchen Bereichen bin ich überlastet?
6. Emotionale Bindungen	• Wo bin ich zur Zeit am stärksten emotional gebunden? Welches Gefühl herrscht vor?

	• Wo, in welcher Sache steckt zur Zeit mein „Herzblut"? • Was, welches Ereignis wäre für mich besonders „schlimm", wenn es einträfe? • Welche Sache, welches Detail meines Projekts läßt mich völlig kalt?
7. Kreatives Potential entfesseln: Das Denken in Gegensätzen, Negationen und Unterlassungen	• Welche Konsequenzen ergeben sich, wenn ich in den Fragen an meine Tätigkeit, Sache, Idee etc. ... das Gegenteil anstrebe? • Welche Änderungen ergeben sich, wenn ich mein angestrebtes Zielergebnis mit dem Faktor 10, 100 oder 1000 multipliziere? • Was ist, wenn ich lasse, was ich tun möchte, und tue, was ich lassen möchte?
8. Wahrnehmungspositionen	• Welche Betrachtungsperspektive liegt meiner Analyse und Darstellung zugrunde? • „Ich"-Perspektive – „Du"-Perspektive – „Meta"-Perspektive oder • „Wir" – „Sie" – „Meta"
9. Entscheidungsprüfung hinsichtlich Auswahl und methodischem Vorgehen	• Frage nach Vorder- und Hintergrund: Was ist zur Zeit Thema? • Frage nach meinen Motiven, Beweg-Gründen: Was „bewegt" mich bei diesem Thema? Wozu ist gerade jetzt dieses Thema so eminent wichtig für mich? • Frage nach den Rahmenbedingungen beim methodischen Vorgehen: Wie kann ich innerhalb eines bestimmten Zeitrahmens möglichst elegant (lustig, zeitsparend, kräfteschonend, kreativ, kommunikativ, allseits zufriedenstellend, ...) eine Lösung herbeiführen?
10. Zeit und Timing (objektive und subjektive Zeit – Chronos und Kairos, Zeitgefühl)	• Woher komme ich? – Wo stehe ich zur Zeit? – Wohin möchte ich? Oder: • Was ist heute? – Was macht eigentlich den Unterschied zu vorher aus?

	• Welche künftige Wirklichkeit habe ich im Auge? • Durch wen oder was erhalte ich zur Zeit „Rückenwind"? Wo lassen sich zur Zeit „Dinge" wie von selbst bewegen? • Wo stecke ich Energien hinein und erhalte kaum etwas zurück? Wo stehe ich „vor Mauern" und sehe trotz aller Anstrengungen keine Möglichkeit des Fortschreitens?
11. Prozeßphasen in der Zeit (entwicklungsbezogen)	• *Vorlaufphase:* Wo verfolge ich ohne besonderen Grund eine Idee? Wo reizt mich eine Sache, ein Projekt, eine Idee, ohne daß ich einen besonderen Grund dafür wüßte? Worauf bin ich neugierig? • *Neuanfänge und Startphase:* Wo zeichnen sich erste konkrete Anfänge ab? Woran, an welchen Kriterien mache ich fest, daß es sich lohnen könnte, sich näher damit zu beschäftigen? Wie zeigt sich das von mir ins Auge gefaßte Projekt vom Ziel aus betrachtet? Wenn ich mich für ... entscheiden sollte: Was werde ich dann auf keinen Fall ebenfalls in Angriff nehmen können? Wo nähere ich mich dem Start eines Projekts, der Entscheidung, „es zu tun"? • *Erntephase:* Wo befinde ich mich mitten auf dem Weg? Wie steht es dabei um mein Energiemanagement, meinen lebendigen Austausch zwischen Geben und Nehmen? Was erhalte ich konkret als Ernte-Erlös? Wodurch multipliziere ich meinen Einsatz? • *Schlußphase:* Wodurch zeichnet sich das Ende eines Projekts ab? Wie, woran kann ich den günstigsten Zeitpunkt zum Aussteigen erkennen?

	• *„Intensivstation" für ein Projekt:* Wo sollte ich ein Projekt unbedingt beenden? Was bindet mich „entgegen aller Vernunft" noch an das Projekt? Wie schaffe ich es, daß ich mir dieses Projekt immer noch leiste?
12. Prozeßphasen in der Zeit (kreislaufbezogen)	• Was sind die Auslöser für eine Ablaufsequenz? • Wie ist der typische Verlauf? Wie, wodurch kommt ein Prozeß eigentlich in Gang? Wie, wodurch beruhigt er sich wieder? • Welche systemstabilisierenden Faktoren ermöglichen es, zum Ausgangspunkt zurückzukehren? Ist dies mein Ziel, oder welche Entwicklung strebe ich an?

Was haben diese vielen Fragen bei Ihnen ausgelöst? Wie haben sie Ihre Stimmung verändert? Sind Sie vielleicht aufgewühlt? Hin- und hergerissen durch die Fülle an Perspektiven und Ansatzmöglichkeiten? Wollten Sie die eine oder andere Frage spontan auf einen konkreten Fall anwenden? Sind Sie durch die Neugier auf die anderen Fragen wieder davon abgekommen? Hatten Sie Ideen für Ergänzungen und Erweiterungen?

Ich habe mir lange überlegt, ob ich Ihnen nicht besser zunächst die Struktur und dann erst die Fragen darbieten sollte. Doch ich bin von diesem Vorgehen abgekommen, weil ich die besondere Qualität von Verwirrung schätze ... ich wollte gerne Ihre Aufmerksamkeit für meinen systemischen Lösungsansatz erhöhen.

Mein systemisches Vorgehen sieht folgendermaßen aus. Ich arbeite zur Zeit mit fünf Kategorien, welche – in Abhängigkeit von Situation und Zielsetzung – in je unterschiedlicher Ausprägung die zwölf Kriterien beinhalten. Die fünf Kategorien sind[13]

1. Fragen an sich selbst und die eigene relative Positionierung im System,

2. Fragen zum persönlichen Abstand (oder zu den subjektiven Freiheitsgraden im System),
3. Fragen zur Beschaffenheit des Gegenstands (der im System die größten Veränderungen erfahren soll),
4. Fragen zur Entwicklungsdynamik (oder zu den erwarteten oder tatsächlichen raumzeitlichen Veränderungen im System) und
5. Fragen zum Kontext, zum Rahmen eines Systems (und damit auch zu den Innen- / Außenbeziehungen eines Systems).

Diese fünf Kategorien sind mir zur Zeit die wichtigsten; besonderes Augenmerk lege ich dabei auf die Kategorien 2 und 5, weil diese meiner Ansicht nach am ehesten vernachlässigt werden.

Bei Kategorie 2 besteht die Gefahr, sich selbst und seine Impulse als mögliche Wirkfaktoren in einem System zu unterschätzen ... und dadurch zu völlig verzerrten Annahmen über ein System zu kommen. Das wohl bekannteste Beispiel für eine derartige (ungewollte) Einflußnahme ist der sog. „Hawthorne-

Effekt". Dabei wurden in den zwanziger Jahren in einem Werk der Western Electric Company in Hawthorne, Chicago, Beleuchtungsexperimente durchgeführt, um die optimale (produktivitätsförderlichste) Beleuchtungsstärke an Fließbändern zu ermitteln. Doch die Untersuchungen kamen zu einem völlig überraschenden Ergebnis: Gleichgültig, was die Forscher anstellten, die Arbeiter verstärkten ihre Anstrengungen, und die Produktivität stieg. Die Erklärung für dieses Phänomen lautet: Sobald Menschen bemerken, daß sie beobachtet werden, verändern sie ihr Verhalten![14] – Deshalb ist es für mich als Berater und Trainer ein Anliegen, vor allem in frühen Phasen eines Projekts mich so weit wie möglich zurückzuhalten und das System zu beobachten, denn ... meine Anwesenheit ist ja schon mein erster Eingriff.

Und auch die Wirkungen von Kategorie 5, vom Kontext (Rahmen) eines Systems, werden allzu leicht unterschätzt. Man konzentriert sich auf das Naheliegende und Offensichtliche und merkt gar nicht, daß der Rahmen schon Auswahl und Art der Aktionen vorgegeben hat.

Zu Frage 2 (von Seite 29):

Doch wie arbeite ich nun mit diesen Kategorien?

Nun, ich formuliere Fragen und stelle sie an das betreffende System. Und dann spüre ich mit allen meinen Sinnen genau hin, wie das System diese Fragen beantwortet, was es mir sogleich zeigt, was es zu verbergen trachtet und wo ich gegebenenfalls nachhaken muß, um zu zufriedenstellenden Antworten zu gelangen.

Und zu diesem Vorgehen möchte ich Sie auch einladen:

- Suchen Sie sich Fragen aus – achten Sie dabei auf Fragen, die Ihnen liegen, und Fragen, die Sie stören.
- Und entwickeln Sie eigene Fragen – denn der Prozeß des Fragen-Formulierens ist der allererste Schritt, um ein System kennenzulernen und dessen Möglichkeiten zu ergründen.

Die Fähigkeit, ein System mit Hilfe „guter" Fragen zu bewegen, ist grundsätzlich erlernbar. Es ist eine Fähigkeit, die

⇨ als ersten Schritt ein ganz präzises und geduldiges *Wahrnehmen und Zuhören* verlangt, um den gesamten Sachverhalt und das spezifische Anwendungsgebiet zu studieren und dessen Wirkzusammenhänge genau kennenzulernen;

⇨ als zweiten Schritt sind dann *strukturierende Fähigkeiten* erforderlich, um das System mit Hilfe verschiedener Kriterien „abzuklopfen", um die Kriterien zu entdecken, an denen das System „aufgehängt" ist, mit deren Hilfe das System in Richtung auf ein definiertes Ziel „bewegt" werden kann;

⇨ im dritten Schritt sind schließlich *intervenierende Fähigkeiten* (methodisches Know-how) erforderlich, um Eingriffe in das System vorzunehmen und diese so präzise wie möglich und mit der richtigen Dosierung „auf den Punkt" zuzuschneiden.

⇨ Und dann schließt sich der Kreis, es gilt, *die Wirkung der* durch die Eingriffe ausgelösten *Veränderungen wahrzunehmen*, um eine Hypothese über die nächsten notwendigen Schritte aufstellen zu können.

Ich möchte Ihnen in diesem Buch mein systemisches Arbeiten näherbringen. Als Anwendungsfeld habe ich mich dabei auf Persönlichkeitsentwicklung und Selbstmanagement konzentriert. Weil meine Gedanken umfassender Natur waren, habe ich in diesem Kapitel bewußt von Systemen und nicht von Menschen gesprochen. Da aber jeder Mensch auch als ein System verstanden werden kann, sind diese Gedanken auf menschliches Verhalten unmittelbar übertragbar.

Die Arbeit mit Fragen (gute Fragen formulieren und auf Situation, Kontext, eigenes Handeln etc. beziehen) ist dabei der „Königsweg" in diesem Prozeß der persönlichen Entwicklung und Veränderung.

1.4 Wie kann ich meine Persönlichkeit entwickeln?

Persönlichkeitsentwicklung ist für mich ein Wortbild, welches sich in folgender Weise auflösen läßt: Stellen Sie sich ein kleines Kätzchen vor, welches mit einem Wollknäuel zugange ist. Unvermeidlich wird dabei das Wollknäuel in

Unordnung geraten, es werden an vielen Stellen Knoten entstehen, an anderen werden ganze Fäden aus dem Knäuel gezogen und an manchen Stellen werden die Fäden sogar zerrissen sein.

„Entwickeln" beschreibt nun den Prozeß, das Wollknäuel wieder in seinen ursprünglichen Zustand zurückzuführen, um damit wieder das tun zu können, wofür ein Wollknäuel da ist, nämlich um z.B. einen Pullover oder einen Topflappen zu stricken, kurz: um wieder *Wahlmöglichkeiten* zu haben.

Ein verstricktes Wollknäuel bietet mir keine Wahl,
ein sauber aufgerolltes Knäuel gibt mir die Freiheit,
selbst zu entscheiden, was ich damit tun möchte.

Ich möchte dieses Wortbild auf unsere *„Persönlichkeit"* übertragen. Im Laufe unseres Lebens haben sich aufgrund von gemachten Erfahrungen – ähnlich wie mit dem Knäuel – Knoten gebildet, und an manchen Stellen sind auch Risse vorhanden, alles Faktoren, die den Energiefluß an einigen Stellen in uns zum Stocken bzw. gar zum Erliegen gebracht haben. Wir sprechen davon, daß wir uns in etwas „verstrickt" haben und dadurch mit unserem Leben, unseren Plänen und gegenwärtigen Handlungen „in eine Schieflage" geraten sind.

Derartige Verschleißerscheinungen (Energieblockaden) sind Auswirkungen der vielschichtigen und komplexen Lebenszusammenhänge, in die wir in der heutigen Zeit gestellt sind, der vielfachen Anforderungen in beruflichen, privaten, sozialen Kontexten und Kontakten, deren „Management" vielfach nicht ohne Reibungen und damit ohne Abnutzungen einhergeht.

„Entwickeln" ist die Gegenbewegung zum „Verstricken".

Und ähnlich wie nur durch „Entwickeln" und „Aufrollen" ein Knäuel wieder in einen verwendbaren Zustand überführt wird, wird ein Mensch den Energiefluß in seinen verschiedenen Lebensbereichen nur dadurch erhalten können, daß er sich Zeiten gönnt, in denen er seine Tagesaktivitäten unterbricht, sich selbst anschaut und sich umschaut, sich seiner Lebens-, Karriere- und

Beziehungsziele erneut vergewissert und dann mutig in die ins Auge gefaßte Richtung vorangeht.

Das NLP ist ein Konzept, welches die Prozesse des Verstrickens, Entwickelns und Wiederaufrollens ganz genau untersucht hat.

Das erklärte Ziel vieler Methoden und Übungsanleitungen ist es, den *„Strukturen des Erfolgs"* in den verschiedensten Bereichen auf die Spur zu kommen. Oder anders ausgedrückt: Was macht eigentlich den Unterschied aus im Verhalten von Person X und Person Y? Wieso geht X eine Sache so leicht und spielerisch von der Hand, wohingegen Y sich so überaus schwer tut?

Viele nehmen diesen Fragen die Brisanz, indem sie auf das größere „Talent" von X oder auf „Glück" und „Zufall" als Erklärungsursachen verweisen. Doch ist damit wirklich der größere Erfolg von X hinreichend erklärt? Ein Genie – so habe ich einmal gelesen – bestehe zu 10% aus Inspiration (sprich: Idee, Talent, Geist) und zu 90% aus Transpiration (sprich: Schweiß, Anstrengung, Übung). Wenn diese Aussage stimmt – und ich bin davon überzeugt –, dann können wir weitaus mehr für unseren Erfolg tun, als wir gemeinhin glauben. Denn dann können wir durch gezielte Lernakte (durch Ausprobieren und durch genaues Registrieren der Möglichkeiten und Konsequenzen unseres Handelns) die Erfolgschancen zu unseren Gunsten beeinflussen.

Das Neurolinguistische Programmieren hat sich konzentriert auf die Suche nach den *„Bausteinen und Faktoren des Erfolgs"* begeben. Und dieses Konzept ist in vielerlei Hinsicht fündig geworden. Es enthält ein Set von leicht umsetzbaren und höchst effizienten Methoden und Übungen.

Das Fragenstellen ist der Schlüssel, um sich das NLP-Konzept aufzuschließen!

Mit Hilfe von Fragen können verborgene Blockaden entdeckt und bewußt gemacht und Lösungsmöglichkeiten erarbeitet werden. Ein derartiges Vorgehen ist in meinen Augen die wirksamste Vorgehensweise eines effektiven

Selbstmanagements. Dieses Vorgehen näher zu erläutern sei Gegenstand dieses Buches.

Da das Fragenstellen im Mittelpunkt dieses Buches steht, möchte ich sogleich mit den ersten Fragen beginnen. Fragen Sie sich doch einmal zum Einstieg:

Wie lauten eigentlich meine Fragen, auf welche ich mit Hilfe dieses Buches eine Antwort erhalten möchte?

oder anders ausgedrückt:

Aus welchen Gründen (Motiven) habe ich ausgerechnet jetzt nach diesem Buch gegriffen?
Was genau verspreche ich mir von diesem Buch?

....

....

....

Ich gehe davon aus, daß es keinen Zufall gibt. Jeder unserer Tätigkeiten liegt irgendein Motiv zugrunde, welches gerade jetzt uns zum Handeln bewegt. Sind Sie mit Ihrer gegenwärtigen Lage unzufrieden, festgefahren in Ihren Lebensbezügen? Suchen Sie nach neuen, anderen Gestaltungsmöglichkeiten für Ihr Leben? Oder sind Sie einfach nur neugierig auf andersartige Sichtweisen, spielen Sie mit den verschiedenen Möglichkeiten, Ihr Leben, Ihre Karriere, Ihren Beruf, das kommende Jahr oder einfach nur ein Projekt zu planen?

1.5 Was verstehe ich unter Selbstmanagement?

Selbstmanagement oder Selbstcoaching sind für mich die Methoden, mit denen ich konkret die Entwicklung meiner Persönlichkeit einleiten und überwachen kann. Beiden Methoden liegt dabei die Idee des „Sich-Selbst-Helfens" zugrunde. Wie die Begriffe schon andeuten, werden dabei viele Elemente aus dem Management- und Coachingbereich auf die eigene Persönlichkeit, auf das eigene Selbst übertragen.

Ich halte dies für eine sehr gute Idee. Denn ich beobachte sehr häufig, wie zwiespältig Menschen einerseits in ihren Unternehmen vor- und andererseits mit sich selbst umgehen. Während ihnen an ihrer Arbeitsstelle ein kosten- und ertragsbewußtes Handeln selbstverständlich ist, versuchen sie ihre Lebensgestaltung und ihre persönliche Entwicklung quasi aus dem Handgelenk heraus zu gestalten. Während auf der einen Seite Ressourcen als knappe Güter gepflegt werden, werden sie auf der anderen Seite ohne große Überlegungen oder Zielplanung spontan, kurzfristig und situationsbezogen verschleudert.

Ich bin nicht für ein bis ins kleinste Detail geplantes Leben, aber ich bin dafür, daß wir unser Leben verantwortungsbewußt gestalten und sämtliche verfügbaren Möglichkeiten und Hilfestellungen nutzen, um ein qualitativ anspruchsvolles Leben leben zu können. Und in dieser Hinsicht können wir viel von unternehmerischen Prozessen und Handlungsweisen (nichts anderes ist mit Management und Coaching gemeint) lernen.

Selbstmanagement als Lebensprinzip hat für mich aber noch eine weitere Dimension. Es ist eine intensive Charakterschulung und damit die Grundvoraussetzung für die Ausbildung von Managementfähigkeiten gemäß dem Prinzip:

Nur wer sich selbst zu führen vermag, der kann auch andere führen.

Stephen Covey beschreibt diesen fortdauernden natürlichen Prozeß der Erneuerung, der „von innen nach außen“ führt: „Der Zugang ‚von innen nach außen‘ sagt, daß ‚private Siege‘ vor öffentlichen Erfolgen kommen. Bevor wir anderen Versprechen geben, müssen wir sie erst uns selbst machen und halten. Es ist vergeblich, das Image (das äußere Erscheinungsbild) vor den Charakter (die innere Persönlichkeit) zu stellen oder Beziehungen zu anderen verbessern zu wollen, bevor wir selbst besser werden.“[15]

Selbstmanagement bedeutet demnach für mich, daß ich in einem ersten Schritt zunächst kläre, wie ich mit mir selbst kommuniziere, wie ich mit mir selbst umgehe, um auf diese Weise nach Ansatzpunkten zu fahnden, wo / wie ich mich in meiner Entwicklung blockiere und wo /wie ich diese Blockaden elegant lösen und weitere Wachstumsschritte einleiten kann.[16]

Die grundlegenden Fragen für mich lauten dazu:

Wie kommuniziere ich eigentlich mit mir?

und:

Wie gehe ich mit mir um, wie behandle ich mich selbst?

....

....

....

2 Das Fragen als „Motor“ für Veränderungen nutzen

2.1 Welche Prozesse löse ich mit Fragen eigentlich aus?

Das hier vorliegende Prinzip, Fragen zu stellen und nach Antworten zu suchen, birgt überaus große Entwicklungsmöglichkeiten. Denn es enthüllt das Grundprinzip des Denkens, des Lernens und der Kommunikation.

Dabei ist das *Frage-Antwort-Prinzip* in der Kommunikation mit anderen Menschen weitgehend bekannt. Weniger bekannt ist aber die Tatsache, daß das Frage-Antwort-Prinzip in gleicher Weise auch innerhalb einer Person deren Denk- und Lernhandlungen zugrundeliegt, d.h., jeder Mensch pflegt einen intensiven inneren Dialog mit sich selbst.

Bei Kleinkindern ist dieser Denk-Vorgang des Fragen-Stellens und Nach-Antworten-Suchens noch weitgehend offensichtlich, ja, ein Entwicklungsabschnitt – das sogenannte Fragealter – ist sogar nach diesem Phänomen benannt worden; bei Erwachsenen sind diese Denkprozesse hingegen mehr und mehr verschüttet worden und demzufolge nur noch selten bewußt.[17]

Doch was passiert eigentlich, wenn wir uns Fragen stellen?

Durch Fragen lösen wir interne Suchprozesse in unserem Gehirn aus. Unser Gehirn ist ein unbeschreiblich leistungsfähiger „Bio-Computer“. Dieser Computer wird mit Fragen aktiviert und darauf trainiert, nach Antworten zu suchen ... und zwar sowohl im Bewußtsein als auch im Unterbewußtsein.

Dabei reicht es nicht, Fragen nur unserem bewußten Selbst zu stellen. Denn unser Bewußtsein vermag ja nur einen ganz geringen Teil zu kontrollieren, wohingegen die Suchprozesse im Unterbewußtsein oft erst die eigentlichen Zusammenhänge und verborgenen Denkfäden zutage bringen. Diese gilt es zu nutzen.

Laura Archera Huxley schreibt: „Der rationale Verstand ist voller Vereinfachungen. Er verleiht uns die Fähigkeit, uns mit unserer Umgebung auseinanderzusetzen, unseren Lebensunterhalt zu verdienen, etwas zu erlernen, uns zu erinnern, uns zu verteidigen und in der Welt vorwärtszubringen. Paradoxerweise hält er uns häufig davon ab, uns selbst zu entdecken, während er uns doch mit den Gaben des Schlüsseziehens und der Entdeckungen ausgestattet hat. Er ist unsere Schutzmaske, unsere Fassade, unser Panzer."[18]

Führen wir das Bild eines gepanzerten Ritters weiter aus: Unser Verstand vermag uns als Panzer Schutz zu gewähren, einen Schutz, für den man jedoch auch einen Preis zu zahlen hat. Denn so, wie ein gepanzerter Ritter, der vom Pferd gefallen ist, nur mit fremder Hilfe wieder aufstehen kann, so kann uns unser Verstandespanzer „in emotionaler Hinsicht steif und unbeweglich machen" und unsere Verständigung mit uns selbst, mit unseren inneren Welten, stören, ja sogar unmöglich machen.

Mit Hilfe des Frage-Antwort-Prinzips können wir demzufolge unsere interne Kommunikation verbessern und Zugang finden zu unseren intuitiven Kräften und Potentialen.

Ein funktionierendes System des Selbstmanagement heißt demnach, einen beständigen Zufluß zu sämtlichen Energiequellen und Ressourcen zu besitzen. Und dazu gehören ganz wesentlich auch unsere unbewußten (intuitiven, kreativen) Potentiale. Die *Arbeitsprinzipien des Unbewußten* hat Josef Weiß folgendermaßen umschrieben. Das Unbewußte

- ist ständig „wach" und aufmerksam und registriert viel mehr als unser Bewußtsein;
- ist aufgrund seines wesentlich größeren Reservoirs an Informationen auch „klüger" als unser Bewußtsein;
- nimmt dem Bewußtsein manche Arbeit ab (z.B. die Regelung unserer körperlichen Funktionen wie Verdauung, Herzschlag) und unterstützt uns im positiven Sinne;
- denkt positiv und versteht keine Negation;
- denkt vor allem in Bildern (bildhaftes Träumen, Tagträume) und nimmt alles wortwörtlich;
- vergleicht ständig unsere gegenwärtige äußere Realität mit früher schon einmal gemachten Erfahrungen;

- ergänzt unvollständige äußere Informationen mit inneren Bildern, Tönen und Geräuschen;
- ist in verschiedenen Teilen organisiert, die systemisch zusammenarbeiten[19];
- stellt uns immer wieder vor Lernchancen (Prinzip: Alles ist Absicht. Nichts ist Zufall), die uns weiterbringen.[20]

Das Unbewußte stellt dabei keineswegs eine metaphysische Größe dar, sondern ist in jedem Menschen sowieso schon am Werk; viele haben nur ihre Sensibilität im Blick auf das Unbewußte verloren, so daß sie gar nicht wahrnehmen, wenn ihnen ihr Unbewußtes geholfen hat. Schauen wir aber einmal hinter die Facetten unseres Lebens, so entdecken wir viele Gelegenheiten, wo unser Unbewußtes uns mit Rat und Tat zur Seite stand und unser Bewußtsein nachhaltig unterstützt hat.

Das ist z.B. der Fall, wenn uns ein Begriff in einer Situation nicht einfallen möchte und später – quasi wie aus heiterem Himmel – unversehens wieder präsent ist oder wenn wir unsere Wohnung verlassen und wie beiläufig noch einmal die elektrischen Geräte kontrollieren, das Licht ausschalten und die Wohnungstür abschließen. Wenn man uns fünf Minuten später fragt, ob wir wirklich das Licht ausgeschaltet haben, dann können wir uns vielfach gar nicht bewußt an diese Handlung erinnern. Ja, es gibt sogar viele Berichte, daß große Erfindungen gar nicht am jeweiligen Arbeitsplatz des Erfinders gemacht wurden, sondern die entscheidenden Eingebungen ihm oft in ganz anderen Situationen und Kontexten, etwa im Bett, im Bad oder an der Bushaltestelle, einfielen. Wie sind diese Phänomene zu erklären?

Offenbar – so folgert Josef Weiß daraus –, gibt es eine Instanz in uns, die uns mithilft, „Schwierigkeiten zu meistern, Probleme zu lösen und alltägliche Dinge quasi nebenbei zu erledigen, ohne daß wir uns immer bewußt auf die Situation konzentrieren müßten. ... Eine Instanz, die dafür sorgt, daß wir gut durchs Leben kommen und Informationen immer dann zur Verfügung haben, wenn wir sie brauchen. Eine Instanz, die uns davor bewahrt, von zu vielen Eindrücken überschwemmt zu werden. Eine Instanz, die es uns abnimmt, alles in uns und um uns herum bewußt regeln zu müssen."[21]

Ich möchte dieses Zusammenspiel in folgender Aussage zusammenfassen:

Unser Unbewußtes kennt oftmals schon die Antworten – hingegen muß unser Bewußtsein erst lernen, die richtigen Fragen zu stellen ...

Selbst-Coaching bzw. Selbstmanagement bedeutet dabei vor allem, wach und aufmerksam zu registrieren, wie man mit sich selbst verfährt, wie man innerlichen Druck aufbaut, wie man diesen verarbeitet, wie man seine Zeit und Arbeit organisiert, wie man auf gute bzw. schlechte Nachrichten reagiert, wie nah man andere Menschen und die Natur an sich heranläßt, und viele andere Aspekte.

Selbst-Coaching ist die effektivste Methode zur Regeneration und Selbst-Heilung, indem man sich wieder „Selbst-Achtung" schenkt, im alltäglichen Trott und Trubel als Gestaltender auftritt und nicht als Reagierender oder gar als Erleidender.

Wir leben in einer Zeit, wo viele Menschen ihre natürlichen Notprogramme durch Filterprogramme („Was könnten die anderen wohl denken, wenn ich ...") und Glaubenssätze („Man muß doch ...") außer Kraft gesetzt haben. Doch unser Organismus setzt sich – wenn es sein muß – immer gegen uns und unsere lebensfeindlichen Barrieren durch: Selbst wenn wir die anfangs noch zarten Anzeichen eines widersprüchlichen, ungesunden Lebensstils mißachten und beiseite schieben, wird dies unser Organismus nicht unbegrenzt dulden. Dann wird er Möglichkeiten finden, sich auf andere Weise auszudrücken, etwa indem er in die Körper- und Organsprache übersetzt, was wir an Ungereimtheiten in unserem Leben zulassen.

Maria Beyer schreibt dazu: „Dein Körper ... will dir dann auf diese Weise davon Mitteilung geben, daß dringend ein Neuverhalten von dir erfolgen muß. Du kannst dir vorstellen, welchen Verlauf dieser Machtkampf oder vielmehr das Wettrennen um eine Zurkenntnisnahme nehmen wird. Gewiß ist, daß du ... sehr wohl ausreichend häufige Botschaften erhältst. Es liegt an deiner Feinwahrnehmung, ob du sie empfängst und richtig deutest."[22]

Thorwald Dethlefsen und Rüdiger Dahlke, die Autoren des Bestsellers *Krankheit als Weg*, beschreiben in diesem Buch das Wechselspiel physischer und psychischer Kräfte: „Krankheit bedeutet also ein Verlassen einer Harmonie bzw. die In-Frage-Stellung einer bisher ausbalancierten Ordnung... Die Störung der Harmonie findet aber im Bewußtsein auf der Ebene der Information statt und *zeigt* sich lediglich im Körper. Der Körper ist somit die Darstellungs- oder Verwirklichungsebene des Bewußtseins und damit auch aller Prozesse und Veränderungen, die im Bewußtsein ablaufen."[23]

Durch gute Fragen schärfen wir demnach unsere Selbstwahrnehmung und schaffen uns dadurch einen natürlichen Schutzmechanismus vor körperlichen, seelischen und geistigen Überlastungszuständen.

2.2 Welche Rolle spielen Fragen in unserem Bildungs- und Erziehungssystem?

Während das Fragen bei Kindern im Denkprozeß eine feste Größe darstellt, ist dieses Prinzip bei Erwachsenen weitgehend untergetaucht. Meines Erachtens ist dies ein Nebenprodukt unserer Erziehung und unseres kulturellen Umfelds. Die widersprüchliche Relevanz von Fragen im Rahmen von Erziehung und Schule unterstreicht ein, zugegeben, sehr provozierender Spruch, welcher besagt: „Die Schule ist der Ort, wo einem Fragen beantwortet werden, die man nie gestellt hat!"

Ich stoße vielerorts auf plakative Aussagen, in welchen Interessengruppen wie z.B. Gewerkschaften oder auch Bildungspolitiker fordern, die Schule von heute müsse angesichts der Orientierungslosigkeit vieler Jugendlicher Antworten geben, Antworten auf die vielfältigen Probleme und Herausforderungen, etwa auf den zusätzlichen Betreuungsbedarf an Erziehern oder auf die Forderung nach demokratischer Teilhabe in der Schule, ferner auf den Umgang mit den neuen Lernformen, Medien oder Zukunftstechnologien oder auch zum Verständnis der gesellschaftlichen und ökonomischen Veränderungen...

Was mich an diesen Forderungen – und davon gibt es viele – immens stört, ist die Tatsache, daß hier von engagierter Seite Antworten gefordert und selbstverständlich auch gegeben werden, jedoch die dazugehörigen Fragen weitgehend im Nebel verborgen bleiben. Ich halte dies für eine sehr manipulative Vorgehensweise, denn erst eine Frage enthüllt ja den Zugangsweg, auf welchen sich die Antwort gründet. Und ohne Kenntnis dieses Hintergrundes schwebt jede Antwort notgedrungen im luftleeren Raum und ist damit freigegeben zur manipulativen Handhabe. Oder können Sie aus einer Antwort unmittelbar auf die Frage und damit auf den argumentativen Zugangsweg schließen?!?

Zudem ist es weitaus leichter, Antworten zu geben, als Fragen zu stellen. Gute Fragen zu einem Thema oder Sachverhalt müssen selbst erarbeitet werden, manche Antworten hingegen können „abgelesen" werden.

Es geht mir an dieser Stelle gar nicht um eine allgemeine Gesellschafts-, Schul- oder Bildungskritik, mir geht es hier einzig darum, Ihre Sensibilität dafür zu wecken, *wie gering die Wertschätzung ist, die dem Fragen in unserer Gesellschaft und beim Lernen beigemessen wird.* Sie können sich dann selbst ausmalen, welche Konsequenzen sich daraus für eine emanzipatorische Erziehungspraxis ergeben.

Was in den politischen Dimensionen von Bildung und Erziehung seinen Ausdruck findet, schlägt auch auf die Unterrichtspraxis selbst durch. Die „Frage"[24] hat auch im eigentlichen Unterricht nur einen untergeordneten Stellenwert:

- Die Überschriften in Schulbüchern signalisieren Themen bzw. Lehr-Lerngegenstände, die irgendwie von den Lernenden inhaltlich „aufgenommen" werden sollen. Die Darstellungen beschreiben dann den Gegenstand zumeist als fertiges Produkt. Im Dunkeln verborgen bleibt, wie sich dieses „Produkt" im Laufe der Jahre ausgebildet hat, welche Fragen am Anfang standen und welche Irrwege auch auf dem Weg beschritten werden mußten.
- So fallen auch manche Risiken unter den Tisch, die das Lehren und Lernen so aufregend machen. Es entsteht der Eindruck, daß einer immer schon weiß, was rauskommt, und deshalb die Aufgabe der anderen nur darin

besteht, sich dessen Wissen anzueignen. Damit gerät der Gegenstand in Gefahr, auf eine oder nur wenige Dimensionen („So ist es und nicht anders") zu schrumpfen. Was er sonst noch sein könnte, bleibt verborgen...

- Diese Art des Unterrichtens hat eine stark besitzstandswahrende Funktion: Die Kenntnis des Lehrstoffs, der Besitz der Antworten fungiert hier als Machtinstrument, aus dem manche Lehrer immer noch ihre Autorität ableiten ... die deshalb an einer Änderung dieses Zustands wenig Interesse haben.

Meiner Ansicht nach liegt in der Geringschätzung von systemischen Fragen ein wesentlicher Grund verborgen, weshalb Lernen (und Lehren) oft so schwer fallen: Da keinem der Beteiligten die Fragen präsent sind, zu denen sie (die Lehrer, Trainer) sprechen oder handeln bzw. auf welche sie (die Teilnehmer, Schüler) Antworten erhalten, sind Mißverständnisse und Irrwege vorprogrammiert. Eine gemeinsame zielgerichtete Vermittlung erfolgt lediglich „über ein Thema", jedoch nicht über das, was genau wie, wodurch und mit welchem Ziel „gelehrt" bzw. „gelernt" werden soll.

Für mich hat Lernen sehr viel mit „Erforschen" und „Risiko" zu tun. Wer Fragen stellt, riskiert immer etwas.

Gregory Bateson war solch ein Forscher, der – im Gegensatz zu vielen seiner Kollegen – weniger auf Ergebnisse aus war, aber intensiv darüber nachgedacht hat, auf welche Weise viele der (oft gerühmten) Ergebnisse eigentlich zustande gekommen sind. Und im Zuge seines Nachdenkens hat er die Bedeutung systemischer Fragen erkannt. Bateson war einer der Männer, die wesentliche Erkenntnisse in vielen verschiedenen Disziplinen gemacht haben. Ich möchte im folgenden drei Passagen zitieren und Sie bitten, den „Geist", der in diesen Passagen zum Ausdruck kommt, zu erspüren:[25]

Zum Forschen: Es liegt in der Natur der Sache, daß ein Forscher erst dann weiß, was er untersucht, wenn er es erforscht hat. Er trägt keinen

Baedeker in der Tasche, keinen Führer, der ihm sagt, welche Kirchen er besichtigen und in welchen Hotels er wohnen soll. Er verfügt nur über das zweifelhafte Wissen anderer, die den Weg vor ihm gegangen sind. Ohne Zweifel führen tiefere Schichten des Geistes den Wissenschaftler oder Künstler (oder Manager oder Lehrer oder ...) zu Erfahrungen und Gedanken, die irgendwie für seine Probleme relevant sind, und diese Führung scheint schon zu wirken, lange bevor der Wissenschaftler (oder...) irgendeine bewußte Kenntnis seiner Ziele hat. Aber wie das abläuft, wissen wir nicht.

Zu den Fragen, die er in seinem Buch behandelt: Die in diesem Buch aufgeworfenen Fragen betreffen die Ökologie: Wie findet einen Wechselwirkung zwischen Ideen statt? Gibt es eine Art natürlicher Selektion, die das Überleben einiger Ideen und den Untergang oder den Tod anderer bestimmt? Welche Art der Ökonomie begrenzt die Vielheit von Ideen in einem gegebenen Bereich des Geistes? Welches sind die notwendigen Bedingungen für Stabilität (oder Überleben) eines solchen Systems oder Subsystems? Einige dieser Fragen werden in den Aufsätzen berührt, aber der Hauptvorstoß des Buches besteht darin, den Weg freizumachen, um solche Fragen sinnvoll stellen zu können.

Erst Ende 1969 wurde mir vollkommen klar, was ich eigentlich gemacht habe. Mit der Niederschrift ... fand ich heraus, daß ich bei meiner Arbeit mit primitiven Völkern, Schizophrenie, biologischer Symmetrie und in meiner Abweichung von der herkömmlichen Evolutions- und Lerntheorie eine weit verstreute Menge von Fix- oder Bezugspunkten festgelegt hatte, von denen aus ein neues wissenschaftliches Arbeitsfeld abgegrenzt werden konnte.

Zu seinem Unterrichten: Wenn ich unterrichtete, kam regelmäßig nach drei oder vier Sitzungen die Frage auf: „Worüber geht dieser Kurs eigentlich?" Ich versuchte, diese Frage auf verschiedenste Art und Weise zu beantworten. ... Nach und nach entdeckte ich, daß die Schwierigkeit, der Klasse zu sagen, worum es in dem Kurs ging, darin lag, daß ich anders dachte als sie. ... Ein Teilnehmer hat dies einmal auf den Punkt gebracht. Er versicherte sich mit einem Blick über die Schulter, daß die anderen gegangen waren, und sagte dann ziemlich zögernd: „Ich möchte eine Frage stellen." „Bitte." „Es geht darum – wollen Sie, daß wir lernen, was Sie uns vortragen?" Ich zögerte einen Augenblick, aber er fuhr schnell fort: „Oder ist es alles eine Art Beispiel, eine Veranschaulichung von etwas anderem?" „Ja, in der Tat."

Aber ein Beispiel für was?

Und fast jedes Jahr kam so etwas auf wie eine Klage, die gewöhnlich in Form eines Gerüchts bis zu mir drang. Es wurde vorgebracht, daß ‚Bateson etwas weiß, das er uns nicht sagt', oder: ‚Hinter dem, was Bateson sagt, steckt etwas, aber er verrät nie, was es ist.'

Natürlich beantwortete ich nicht die Frage: „Ein Beispiel für was?"

Die Situation wird heutzutage dadurch erschwert, daß angesichts des rasanten technischen, gesellschaftlichen und wissenschaftlichen Fortschritts ein Lehrer oft gar nicht mehr in der Lage ist, aktuelle Antworten zu geben. Heutzutage ist nach Expertenaussage die fachliche Qualifikation eines Lehrers schon zu dem Zeitpunkt veraltet, wenn er die Hochschule verläßt. Die Vorstellung eines „stabilen Grundwissens" ist in unserer Zeit, in welcher sich das geschriebene Wissen der Menschheit alle fünfeinhalb Jahre verdoppelt, eine gefährliche und unrealistische Fiktion. Und schließlich machen die neuen Technologien einen Lehrer oftmals zu den Schülern ihrer Schüler, weil diese – mit Computern etc. groß werdend – weitaus unbefangener und intensiver die neuesten Trendtechnologien spielerisch adaptieren. Als fortschrittlich muß ein Lehrer schon bezeichnet werden, wenn er fähig und bereit ist, von seinen Schülern zu lernen.

Weshalb gehe ich – so mögen Sie sich fragen – derart ausführlich auf den Schulalltag und das Lehren und Lernen ein?

Ich habe diese Beschreibung deshalb so ausführlich gemacht, weil wir immer auch „Kinder unserer Zeit, unserer Erziehung" sind und mit den im Zuge unse-

CRAFTON
COLLEGE

res Wachsens und Werdens entwickelten Denk-, Lern- und Handlungsgewohnheiten groß geworden sind. Und weil wir diese Gewohnheiten – offen oder verborgen – bis in die Arbeitswelt hinein tragen und erhalten.

Deshalb verwundert es nicht, daß ähnliche Züge wie im Bildungswesen auch in der Weiterbildung in Organisationen und Unternehmen anzutreffen sind, wo – analog zum Bildungssystem – Seminarthemen als Weiterbildungsangebot fungieren oder auch heute noch Konferenzen themenorientiert (= Tagesordnungspunkte) und nicht fragen- bzw. zielorientiert aufgezogen werden. Sie können auch einen Blick in den privaten Bereich werfen, verfolgen Sie z.B. Fernsehdiskussionen, Werbespots, analysieren Sie dahingehend das Zeitungswesen, viele Bücher oder – besonders kraß – die Form, wie Meinungsumfragen ermittelt werden: In vielen Fällen werden Themen „angerissen" und Antworten gegeben, jedoch keineswegs so, daß sich daraus lebendige Anstöße und Veränderungsprozesse ergeben können. Und systemischen Fragen überhaupt werden Sie sehr selten begegnen!

2.3 Welcher Zusammenhang besteht zwischen dem Frage-Antwort-Prinzip und unserer Gesundheit?

In Kapitel 2.1 bin ich schon kurz auf den Zusammenhang von „Selbstachtung" und der Würdigung körperlicher Signale eingegangen. In diesem Kapitel möchte ich diesen Gedanken weiter vertiefen und einige Ideen zur gesundheitlichen Bedeutung von Fragen und Antworten äußern.

Indem wir in den Prozeß des Fragens und Antwortens hineinsteigen und uns von einer Frage ausgehend zu einer Antwort treiben lassen und die Antwort hinsichtlich ihrer Qualität prüfen und aus ihr heraus immer präzisere Fragen formulieren und uns so Schritt für Schritt auf neuerliche Fragen und Antworten einlassen, befinden wir uns *„in Bewegung"*. Bewegung und Rhythmus drücken ein Grundbedürfnis des Menschen aus, nämlich das *Bedürfnis nach persönlicher Entwicklung, nach positiven Veränderungen*. Dieses Entwicklungsbedürfnis ist dicht am Kern unserer Persönlichkeit, bei unseren Zielen, Wünschen und Lebenshoffnungen angesiedelt – und damit äußerst wichtig für unser gesundheitliches Wohlbefinden.[26]

Das Wechselspiel von Frage und Antwort spielt auch im Leben vieler bekannter Persönlichkeiten eine große Rolle. So beschreibt z.B. Leonardo da Vinci seine Erfolgsstrategie mit folgenden Worten:

„Ich wanderte im Land umher und suchte Antworten auf Dinge, die ich nicht verstand. Warum sich Muscheln auf den Berggipfeln finden, zusammen mit Abdrücken von Korallen und Pflanzen und Meeresalgen, die für gewöhnlich am Meer vorkommen. Warum der Donner eine längere Zeit dauert als das, was ihn verursacht, und warum der Blitz dem Auge unmittelbar nach dem Zeitpunkt seiner Erzeugung sichtbar wird, während der Donner hundertmal länger für seinen Weg braucht. Wie die verschiedenen Kreise im Wasser sich um die Stelle formen, die von einem Stein getroffen wurde, und warum sich ein Vogel in der Luft hält. Diese Fragen und andere merkwürdige Phänomene haben mein Denken während meines ganzen Lebens beschäftigt."

Richard Friedenthal charakterisiert Leonardos Methode: „Leonardo ist ein Wanderer; auch seine Gedanken wandern. Seine ‚Methode', von der man gesprochen hat, ist die des Fragestellers. Er stellt sich selber Fragen und anderen. Viele sind erst nach Jahrhunderten beantwortet worden, viele noch heute nicht."[27]

Auch von Albert Einstein wird berichtet, daß er stetig neue Hypothesen über die Wirklichkeit aufstellte, daraus Modelle entwickelte und so die Grundvoraussetzungen existierender Modelle auf einzigartige Weise in Frage zu stellen vermochte. Einsteins Relativitätstheorie ist aus einem dieser Frage-und-Antwort-Spiele entstanden.[28]

Und auch Anthony Robbins hat in seinem hervorragenden Buch „Grenzenlose Energie" hervorgehoben, daß die Art und Weise, wie wir mit uns selbst kommunizieren und wie wir handeln, letztlich den Unterschied erzeugt, welcher den Unterschied (zwischen Menschen) ausmacht: „Was tun wir, wenn wir alles versuchen, was in unserer Macht steht, und uns trotzdem nichts gelingt? Menschen mit Erfolg haben nicht weniger Probleme als Menschen ohne Erfolg. ... Nicht das, was mit uns geschieht, bestimmt über Erfolg und Mißerfolg. Es ist die Art und Weise, wie wir das, was geschieht, wahrnehmen und wie wir damit umgehen, die den Unterschied ausmacht."[29]

Die Art der inneren Kommunikation (Kommunikation mit uns selbst) unterscheidet sich jedoch gar nicht von der äußeren Kommunikation (Kommunikation mit anderen Menschen). Beide sind gekennzeichnet durch das Wechselspiel von Frage und Antwort. Wobei sich in der Art der Fragen dann die *Qualität des jeweiligen Entwicklungsprozesses* niederschlägt: Stelle ich mir gute (entwicklungsförderliche) Fragen, so werde ich bei meinem Suchprozeß nach den Antworten sicherlich „weiter“ kommen als mit Fragen, die in sich schon z.B. ein Versagen implizieren!

Dieser Prozeß sei an einem Beispiel erläutert: Connirae und Steve Andreas[30] erzählen folgende Begebenheit, die zur Entwicklung einer Methode zur „Aktivierung der natürlichen Heilfähigkeiten Ihres Körpers“ geführt haben. Ausgangspunkt war die Tatsache, daß Connirae durch das Stillen ihres ersten Kindes in regelmäßigen Abständen Brustentzündungen hatte, die sie dann – wenn es nicht mehr anders ging – mit Antibiotika behandelt hatte. Als nun ihr zweites Kind geboren war, erlebte sie im Grunde genau den gleichen Vorgang erneut:

„Als schließlich wieder einmal die bekannten Symptome eingesetzt hatten und ich im Bett lag, wie üblich mit der Hoffnung, wieder gesund zu werden, probierte ich etwas Neues. ...

Als erstes fragte ich mich: ‚Wie denke ich über das, was mit mir geschehen wird?‘ Ich wußte, daß ich die Hoffnung hatte, ohne Medikamente gesund zu werden; was aber stellte ich mir tatsächlich im Geiste vor, als ich an das Gesundwerden dachte? Ich stelle fest, daß ich mich selbst sah, wie ich im Bett lag und krank ausschaute. Ich sah dies so, als ob es ein Schwarzweiß-Schnappschuß von mir selbst war, ohne Bewegung, aber das Foto war schon ziemlich grau geworden. Ich sah dieses Bild auf meiner linken Seite. ‚Kein Wunder, daß ich nicht gesund wurde‘, dachte ich mir. Obwohl ich gehofft habe, gesund zu werden, habe ich unbewußt Krankheit gesehen.

Als nächstes fragte ich mich: ‚Was kenne ich gut, was mich automatisch heilen wird? Wovon nehme ich an, daß es meinen Körper von selbst heilen wird, ohne daß ich irgend etwas tue?‘“

Ich möchte die Geschichte an dieser Stelle verlassen. Mir ging es darum, Ihnen zu zeigen, wie gute Fragen einen Prozeß derart fördern können, daß etwas Neues daraus entsteht. **Das Neurolinguistische Programmieren ist die Methode, welche sowohl die Kommunikation mit sich selbst verfeinern kann als auch die Kommunikation mit anderen Menschen.**

Wichtig ist bei diesem „natürlichen" Forschungs-, Denk- und Lebensprinzip das beständige In-Bewegung-Bleiben, das proaktive Hin- und Herschwingen von einer Frage zu einer Antwort und wieder zu einer weiteren Frage, etwa so wie das Pendel einer Standuhr:

- Unsere Fragen symbolisieren in diesem Prozeß die Neugierde, den Entdeckungsdrang, die Herausforderungen, das überraschende oder unvermutete Moment, die neue Perspektive, den dritten Weg, die Offenheit und das Risiko,
- unsere Antworten stehen demgegenüber für die Zufriedenheit, die Freude über das Erreichte, das gestillte Bedürfnis, für Sicherheit und Klarheit in Strukturen.

Wir benötigen beide Pole, um gesund und zufrieden zu sein, und wir benötigen auch den stetigen Wechsel, das Schwingen zwischen diesen Polen.

Wer viele Fragen hat und nur wenige Antworten, der ist überfordert; wer viele Antworten hat und nur wenige Fragen, der ist gelangweilt.

Zu viele drängende Fragen lassen uns ruhe- und heimatlos werden, zu viele Antworten nehmen uns die Spannung, die Würze im Leben, und lassen uns satt und träge werden.

Ich wende dieses Pendeln zwischen beiden Polen nicht nur auf konkrete Personen oder zur Analyse konkreter Lebenssituationen an, sondern betrachte auch *größere Lebensphasen* unter diesem Fokus: So verstehe ich die Lebensjahre von 20-35 etwa als die Jahre, in welchen große Veränderungen wie Beruf und Karriere, Partnerschaft und Kinder, Abschied vom Elternhaus, Hausbau und Umzug in andere Städte, Regionen, Länder tendenziell häufig auftreten, wodurch viele große Lebensfragen aufgeworfen werden.

Demgegenüber zeichnen sich die Lebensjahre von 35-50 eher durch das Ausleben zuvor getroffener Entscheidungen aus. Ich denke, daß auch die sog. „Midlife"-Krise oder das im mittleren Management häufig anzutreffende Phänomen der „inneren Kündigung" von Mitarbeitern darauf zurückzuführen ist, daß die Lebensfragen weitgehend beantwortet scheinen und durch die damit einhergehende Beruhigung viel von den Turbulenzen früherer Jahre fehlt. Oder anders ausgedrückt: Es fehlen neue Fragen ...

Schließlich läßt sich dieses Hin- und Herschwingen zwischen Frage- und Antwortpol *auch zur Beschreibung gesellschaftlicher Veränderungen nutzen*. Denn ich bin der Ansicht, daß auch eine Gesellschaft in ihrer Entwicklung wächst, stagniert oder degeneriert und daß es demzufolge auch so etwas wie eine „gesunde Gesellschaftsentwicklung" geben kann. Und unter gesellschaftlichen Bedingungen würde ich zum Beispiel die 50er und frühen 60er Jahre als Jahre des wirtschaftlichen Aufschwungs eher dem Fragenpol zuordnen und die 70er und 80er Jahre als Jahre des Erhaltens des Erworbenen eher dem Antwortpol. Die gegenwärtige Situation scheint mir nun wieder mehr durch Veränderungen und Unsicherheiten gekennzeichnet und dadurch neue Fragen zu erzeugen.

Doch wenden Sie dieses Prinzip nun auf sich selbst und Ihre Kontexte an:

In welcher Lebensphase, in welchem Lebenszyklus befinden Sie sich? Was hat sich bei Ihnen elementar geändert in den letzten fünf Jahren, in den letzten zwei Jahren?

....

....

....

Wie würden Sie Ihre gegenwärtige Situation beschreiben? Befinden Sie sich mehr auf der Fragen- oder mehr auf der

Antwortseite? Und was spricht für eine Entwicklung zur jeweils anderen Seite? Und was für ein Verharren an einem Pol?

....

....

....

Und wie würden Sie Ihre zukünftige Entwicklung prognostizieren? Schwingt sie eher zum Fragen- oder zum Antwortpol?

....

....

....

Bei einer derartigen Analyse lassen sich sicherlich gesellschaftliche, wirtschaftliche, wissenschaftliche, kulturelle oder soziale Bereiche finden, in denen es eher ruhiger, abgeklärter zugeht, und andere, in denen sich Umbrüche in atemberaubender Geschwindigkeit vollziehen.

Warum schreibe ich über diese beiden Pole und das Hin- und Herschwingen? Warum schreibe ich dies im Kontext eines Buches, welches sich mit NLP und mit Selbstmanagement beschäftigt? Warum stelle ich das Fragen und Forschen und das Sich-Um-Antworten-Bemühen in einen engen Zusammenhang zur persönlichen Gesundheit und Vitalität?

Ich kann noch keine direkten Zeugen für meine Überlegungen angeben, aber ich habe eine Vielzahl von indirekten Zusammenhängen gefunden, die mich dazu veranlaßt haben, dieses Kapitel hier niederzuschreiben.

Vielleicht geht es bei diesem Denkmodell darum, sich einmal kritisch zu hinterfragen, inwieweit Sie und ich (noch) bereit und fähig sind, uns zu verändern – uns in Bewegung zu versetzen.

Gesundheit hat für mich viel mit der Fähigkeit zu tun, sich flexibel auf Veränderungen einstellen zu können; wer nicht mehr bereit und fähig ist, sich zu verändern, wer Veränderungen nur noch als Impulse von anderen und übergeordneten Ereignissen erlebt, der hat auch gesundheitlich mit Schwierigkeiten zu rechnen. Wer sich aber noch diese Fähigkeit bewahrt hat, der vermag auch noch Fragen an sich selbst und sein Leben zu stellen.

Sind Sie bereit für Veränderungen?
Sind Sie dazu bereit, sich in Bewegung zu setzen und die Bewegung zu halten?

Was wollen wir – Sie und ich – nun tun? Sind wir bereit dazu, uns für eine neue Art des Denkens, der Betrachtung unserer Wirklichkeit zu öffnen, um uns auf die zukünftigen Anforderungen vorbereiten zu können? Sind wir bereit, mit offenen Fragen, Möglichkeiten und Potentialitäten umzugehen, oder ziehen wir unser Schneckenhaus der liebgewordenen, möglicherweise aber schon völlig überholten Gewohnheiten vor?

Wie sieht unser Fokus aus: Konzentrieren wir uns auf das Alte und Bekannte oder auf das Neue, noch Unbekannte? Oder stehen wir im Hier-und-Jetzt und richten unsere Aufmerksamkeit auf die Ereignisse und Prozesse, die zur Zeit gerade aktuell sind?

Vilém Flusser zeichnet ein eindrucksvolles Bild, in welchem er die Einstellung der traditionellen Wissenschaften und Managementpraktiken zur zukünftigen Entwicklung kritisch untermalt. Ich möchte dieses Bild auf uns und unsere Einstellung zu Vergangenem und Zukünftigem übertragen:

„Diese Gesellschaftsstruktur (oder das, was in Ihnen und in mir sich abzeichnet) taucht erst seit wenigen Jahrzehnten empor, und sie bricht dabei durch die vorangegangenen Gesellschaftsstrukturen, wie etwa ein Unterseeboot durch die Eisdecke hindurch emportaucht.

Die vorangegangenen zwischenmenschlichen Gesellschaftsgruppen fallen bei diesem Durchbruch zu allen Seiten hin auseinander und zerbröckeln. Familien, Volk, Klasse zerbersten zu Schollen. Und es ist bezeichnend für die meisten Soziologen und Kulturkritiker, daß sie sich für den Zerfall der hergebrachten Gesellschaftsstruktur (des Bekannten, d. V.) mehr interessieren als für das Emportauchen der neuen; daß sie mehr auf das Krachen des Eises als auf das emportauchende Unterseeboot achten.

Daher sprechen sie von einem Verfall der Gesellschaft, statt von der neuen Gesellschaft zu sprechen. Sie kritisieren die zerfallenden Strukturen, anstatt die neuen zu kritisieren; ...; sie treten tote Pferde.“[31]

Wie können wir lernen, in den Strom der Ereignisse und Entwicklungen hineinzusteigen und die Kraft des Stroms zu nutzen, um Akzente zu setzen, um für uns und in den Kontexten, in denen wir aktiv sind, gute Fragen (und Antworten) zu provozieren?

Wie können wir uns auf die Suche nach guten Fragen begeben? Wie können wir unseren eigenen grundlegenden Fragen begegnen?

Begegnungen sind häufiger möglich, als dies auf den ersten Blick so scheint. Denn „Antworten" – und über die verfügen wir ja – sind im Grunde genommen nichts anderes als „gefrorene" Bestandteile von Fragen. Wenn es uns gelingt, uns wieder in eine Erwartungshaltung zu versetzen und die in den Antworten verborgenen Fragen herauszuschälen, dann werden für uns auch die Antworten wieder lebendig und dadurch in ihrer Struktur und Dynamik veränderbar. Und dann können wir prüfen, ob diese oder jene Antwort für uns noch zeitgemäß ist ... .

Ich möchte Sie einladen, sich mit mir auf die Suche zu begeben nach „Ihren" Fragen. Roger von Oech schreibt über den Prozeß, sich neue Ideen zu erarbeiten: Es sei leicht, so behauptet er, „neue Ideen hervorzubringen; der schwierige Teil besteht darin, das loszulassen, was vor zwei Jahren für Sie funktioniert hat, was aber bald überholt sein wird."[32] **Suchen, Finden und Loslassen – das sind die Themen dieses Buches.**

2.4 Wer ist eigentlich für Fragen verantwortlich?

Ein letzter Aspekt ist mir noch wichtig, wenn man Fragen als Motor für Veränderungen nutzt. Mir geht es darum, einen sinnvollen Einsatz von Fragen zu ermöglichen. Und dazu ist es notwendig, sich darüber Gedanken zu machen, wann welche Frage sinnvoll und hilfreich ist. Anders ausgedrückt: Es geht darum, die Verantwortung für seine Fragen zu übernehmen.

Aus meiner Schulzeit ist mir der Spruch noch in Erinnerung, daß es keine „dummen" Fragen gäbe. Mit dieser Aussage sollten schüchterne Schüler zum Fragen ermutigt werden. Die Wirklichkeit sah allerdings oft so aus, daß – wer sich zu einer Frage durchrang – von Mitschülern und Lehrern schnell eines Besseren belehrt wurde. Das Gelächter der Mitschüler und die Kommentare des Lehrenden überzeugten dann davon, daß es offensichtlich doch dumme Fragen gibt und daß man selbst die Fähigkeit, derartige zu stellen, wohl schon gelernt habe, wohingegen „gute" Fragen zu stellen weitaus schwieriger zu lernen sei.

Andererseits haben sich durch die Aussage, es gäbe keine „dummen" Fragen, zumeist diejenigen ermutigt gefühlt, die sowieso keine Schwierigkeiten hatten, sich mit Fragen und sonstigen Äußerungen hervorzutun. Und nun fragt dieser Personenkreis ... und stößt auf „verständnisvolle" Lehrer und in späteren Lebensjahren auf „verständnisvolle" Trainer, Weiterbildner, Prozeßberater, Personalentwickler. Und letztere haben dann die undankbare Aufgabe, mit den fragenden Un-Geistern, die gerufen wurden, konstruktiv umzugehen ... und dumme Fragen beantworten zu müssen.

Dumme Fragen? Ja, dumme Fragen! Denn es gibt sie wirklich, und sie breiten sich mehr und mehr aus und „vergiften" unsere Diskussions- und Gesprächskultur:

- Denn es werden viele Fragen gestellt, die keine „echten" Fragen sind, sondern vielmehr Mittel zum Zwecke der Selbstdarstellung des Fragenden,
- es werden Fragen gestellt, die vom Fragenden noch nicht auf ihre „Förderlichkeit" hin überprüft worden sind,
- und es werden Fragen gestellt, die wohl präzise und klar formuliert, aber zum falschen Zeitpunkt gestellt, die zarten Pflänzchen „Prozeßentwicklung", „Kreativität", und wie sie alle heißen, unbarmherzig ausmerzen und unwiederbringlich um Lichtjahre zurückwerfen.

Sie glauben nicht, daß es solche Fragen gibt? Doch, es gibt sie! Zum Beispiel handelt es sich um die Frage: „Was bringt uns das eigentlich?" – ohne Zweifel eine nützliche Frage gegen Ende eines Prozesses in der konstruktiven Reflexion von Ausgangs- und Endergebnis, jedoch schon nach den ersten Anzeichen neuer (noch unausgereifter) Ideen gestellt, vermag sie jeglichen Impuls jäh zu stoppen. Oder es handelt sich um Fragen, die so beginnen: „Sind Sie sicher, daß..." oder: „Warum nur passiert alles Schlechte immer nur mir?"

Wer ist für Fragen eigentlich verantwortlich?
Selbstverständlich derjenige, der sie stellt.

Sie haben gerade eine Frage auf der Zunge? Sie wollen mit Ihrer Frage „Wirkung" erzielen? – Dann schauen Sie doch genau hin, wie gerade Ihr Umfeld beschaffen ist, welche Stimmung sie dort erspüren können, dann tauchen Sie in sich hinein und prüfen Ihre eigenen Intentionen, bedenken schließlich noch den Zeitpunkt ... und dann mutig gefragt!

Bitte denken Sie daran, daß das, was für die zwischenmenschliche Kommunikation gültig ist, sinngemäß *auch in der Kommunikation mit sich selbst* gilt. Demnach ist es gleichermaßen geboten,

Verantwortung für die Fragen zu übernehmen, die Sie an sich selbst richten.

Und wenn Sie dann fragen, dann werden Sie immer Antworten erhalten... Denn aufgrund der ungeheuren Plastizität und Assoziationsfähigkeit unseres Gehirns werden wir immer irgendeine Antwort auf unsere Fragen finden ... und so das **Prinzip der Selbstprogrammierung durch Fragen** in Gang setzen.

Wenn wir nun immer Antworten auf unsere Fragen erhalten, dann ist *die Qualität unserer Fragen von entscheidender Bedeutung:*

- Stellen wir „gute“ Fragen, so erhalten wir entwicklungsförderliche Antworten,
- stellen wir hingegen weniger gut durchdachte Fragen, so werden wir auch nur wenig hilfreiche Antworten erhalten oder gar Antworten, die uns in unserer Entwicklung auf der Stelle treten lassen.

Aus diesen Überlegungen könnte man sogar eine „Lebensregel“ ableiten:

Die Qualität unserer Fragestellung entscheidet
über die Qualität unserer Antworten,
diese über die Qualität unserer Handlungen
und diese schließlich über die Qualität unseres Lebens.

Übung: Welche Erwartungen habe ich eigentlich?

Ich möchte Sie einladen zu einem Fragen-Entwickungsprozeß zum Thema „Selbstmanagement“. Sie können die nachfolgenden Fragen als Übung durchführen, mit deren Hilfe sie eine Klärung Ihrer Erwartungshaltung im Hinblick auf Ihre Art des Selbstmanagements vornehmen.

Bitte beantworten Sie die einzelnen Fragen in der angegebenen Reihenfolge, so gut Sie es vermögen. Bitte gehen Sie erst dann zur nächsten Frage über, wenn Sie die vorherige beantwortet haben:

Was gehört alles zum Thema „Selbstmanagement“?

....

....

....

....

....

Wo und wann bin ich diesem Thema schon einmal begegnet?

....

....

....

....

....

Was interessiert mich eigentlich am Selbstmanagement?

....

....

....

....

....

Wie kann ich mein Selbstmanagement verbessern?
Wie wird mir dieses Buch dabei voraussichtlich helfen können?

....

....

....

....

....

Wie kann ich mein Selbstmanagement so schnell wie möglich und mit möglichst geringem Aufwand verbessern?

....

....

....

....

....

Wie kann ich mein Selbstmanagement so schnell wie möglich mit möglichst geringem Aufwand verbessern und dabei möglichst viel Spaß an den einzelnen Veränderungsschritten haben?

....

....

....

....

....

Auswertung:

I Wie ist es Ihnen ergangen?
Sind Sie schon auf konkrete Ideen und Ansätze gestoßen?
Wenn ja, dann rate ich Ihnen dringend, diese möglichst umgehend in die Tat umzusetzen. Weshalb? Weil wir sehr häufig „eigentlich schon wissen, was wir tun sollten ...“, aber anstatt es dann wirklich zu tun, suchen wir

lieber weitere Ratgeber auf, die uns das gleiche raten ... und dann ist die gute Gelegenheit vorbei. Hier nun haben Sie die Gelegenheit, schon die ersten Umsetzungsschritte zu tun. Nutzen Sie diese Chance!

II Bei der Bearbeitung dieser Übung hatten Sie drei Wege zur Auswahl:

1. Sie konnten die Übung gemäß meinen Anweisungen durchführen,
2. sie konnten etwas anders vorgehen, indem Sie die von mir gegebenen Anweisungen übertreten, und
3. sie konnten über die Regeln selbst nachdenken und sich fragen, welches Prinzip, welche Struktur hinter den Fragen steht.

Oder anders ausgedrückt: (1) Handle so, wie vorgegeben; (2) handle nicht so, wie vorgegeben; (3) ergründe die Vorgaben.

Typisch für das Neurolinguistische Programmieren ist ein gewisses Maß an „Frechheit" und „Regelübertretung". Wenn Sie demnach anders gehandelt haben, als ich Ihnen geraten habe, haben Sie ein Stück weit das praktiziert, was für viele NLP-Anwender typisch ist ... und woraus viele gute Übungen entstanden sind, nämlich aus dem Nachdenken über Regeln und Anweisungen.

III Doch nun werfen Sie auch noch einen Blick auf die Fragenstruktur. Im wissenschaftlichen Bereich gilt das Prinzip, wer eine gute Forschungsfrage hat, der hat schon den Erfolgsweg halb beschritten. Die allererste Frage, die man sich gemeinhin stellt, ist oft eine „Was gehört zu ..."-Frage. Leider bleiben aber viele auf dieser Entwicklungsstufe stehen und legen umfangreiche, jedoch wenig hilfreiche Sammlungen zu einem Thema an. Und berauben sich damit der immensen Entwicklungsmöglichkeiten, die in gut formulierten Fragen stecken. Denn eine „Was gehört zu ..."-Frage ist noch viel zu unpräzise, um handlungs- und erfolgswirksam zu sein.

Erst die weitere Präzisierung schafft die Voraussetzungen, die positive Veränderungen ermöglicht. In der hier vorliegenden Struktur sind folgende Präzisierungen eingebaut worden: zunächst die Frage nach meinem persönlichen Interesse, dann die Frage nach der Umsetzung („wie ...?") und schließlich die Berücksichtigung von Bedingungen (zeitlich: „so schnell wie möglich"; aufwandsbezogen: „mit möglichst geringem Aufwand" und erfolgsbezogen: „Spaß an den Veränderungsschritten haben"), unter welchen die Umsetzung erfolgen soll.[33]

Eine besondere Rolle spielt die letzte Bedingung, „Spaß an den Veränderungsschritten haben". Mit dieser Bedingung soll der Erfahrung Rechnung getragen werden, daß man eine Handlung, die man gerne tut, viel wahrscheinlicher ausführen wird als eine weniger liebsame Handlung. Betrachten Sie es als Herausforderung für sich: Spaß haben bei dem, was Sie tun – auch und gerade im beruflichen Kontext – ist eine der stärksten Motivatoren, über die Sie verfügen.

Ich fasse dieses Kapitel zusammen:

Übernehmen Sie die Verantwortung für Ihre Fragen!
Übernehmen Sie die Kontrolle über Ihr Gehirn ....
darüber, wie Sie denken und wie Sie lernen und handeln!

Seitdem mir bewußt geworden ist, welches Potential in der „Kunst des richtigen Fragens" verborgen liegt, nutze ich diese Fähigkeit bei allen Tätigkeiten, bei meiner Zeitgestaltung, meinem tagtäglichen Tun, beim Bücherschreiben und in Seminaren und in vielen anderen Kontexten und Bereichen.

Ich möchte Sie im folgenden einladen, das **NLP mit dem Schwerpunkt auf „systemisches Fragen" kennenzulernen:** Zunächst stelle ich Ihnen in Grundzügen mein NLP-Konzept vor (Kapitel 3), und im Anschluß daran zeige ich Ihnen, wie Sie durch NLP-Methoden Ihr Selbstmanagement verbessern können (Kapitel 4).

3 Wie verstehe ich NLP? oder: Wie ordne ich meinen Ansatz in die NLP-Landschaft ein?

Zur Orientierung: Wie sieht das weitere Vorgehen aus?

Um Ihnen Zeit zu sparen, möchte ich Ihnen einen kurzen Überblick über dieses Kapitel geben. Ich habe eingangs vorausgesetzt, daß Sie zumindest den Namen „NLP" gehört haben und durch das Gehörte neugierig geworden sind. Deshalb möchte ich Ihnen in diesem *Kapitel eine kurze inhaltliche Einführung und eine persönliche Stellungnahme* geben, weshalb ich das Neurolinguistische Programmieren für so außerordentlich effektiv halte.

Es versteht sich von selbst, daß diese knappe Einführung nicht sämtliche relevanten Bereiche des NLP betrachten kann. Für diejenigen Leser(innen), die sich umfassender mit NLP beschäftigen möchten und an weiteren Aspekten und Bereichen interessiert sind, habe ich in Kapitel 3.3 *einige Bücher kurz kommentiert*, die in ihren Darstellungen jeweils *andere Schwerpunkte* als ich gewählt haben.

Wer schließlich in erster Linie an einer Anwendung meines fragenorientierten Selbstmanagement-Konzepts interessiert ist, der mag das Kapitel 3 überspringen und sogleich zum Trainingsteil weiterblättern (ab Kapitel 4, Seite 95).

3.1 Was heißt NLP für mich?

Das Neurolinguistische Programmieren nutze ich als ein *Kommunikationsmodell* und ein *Lernmodell*.

- Als Kommunikationsmodell hilft es mir zu verstehen, *wie wir miteinander und mit uns selbst umgehen* und welche Möglichkeiten bestehen, um diesen Umgang entscheidend zu verbessern; eine gute Kommunikation betrifft dabei sämtliche Aspekte der Menschenführung (Selbstführung und Mitarbeiterführung) und der Konfliktbearbeitung und -lösung.
- Als Lernmodell ist es mir eine große Hilfe, um meinen individuellen Lernstil zu finden und um mein Lernverhalten in den unterschiedlichsten Situationen und Kontexten zu klären. Dabei fasziniert mich vor allem das große Reservoir an kreativen Anregungen und Möglichkeiten, die das NLP in mir aktiviert.

Das NLP verstehe ich als ein *ganzheitliches Konzept*; deshalb sind alle Verhaltensäußerungen, seien es Körpersignale, Sprachmuster, Denkprogramme, Blickmuster etc., von Interesse und werden im Konzept berücksichtigt. Ziel ist es, die inneren Prozesse zu klären, auf welche Weise wir als Menschen unsere Informationen organisieren.

Das NLP will die Verständigung untereinander fördern, indem es zu verstehen hilft, wie in Menschen Denk-, Lern- und Handlungsprogramme ablaufen.

Inhaltlich besteht das NLP-Konzept aus drei Bausteinen, nämlich aus

1. dem Modell der Wahrnehmung (innerhalb dieses Modells werden u.a. folgende Schwerpunkte behandelt: Wahrnehmen mit allen Sinnen; Wahrnehmungstypen; einen guten Kontakt aufbauen und halten = Rapport, Pacing und Leading; ein stimmiges Denken, Fühlen und Handeln gewährleisten),
2. dem Modell der Repräsentationssysteme (d.h. dem Modell der inneren Verarbeitung der sinnlichen Eindrücke und Erfahrungen – dazu einige begriffliche Stichworte: Repräsentationssysteme, Submodalitäten, Time-Line, das Persönlichkeitskonzept [Basis of Personality] und das Gefühlskonzept [Imperative Self Analysis] und
3. dem sog. Metamodell der Sprache (das Erkennen und Anwenden wohlgeformter Sprachmuster, welches schon in Kapitel 1.2 vorgestellt wurde).[34]

Die für mich prägnanteste Beschreibung von dem, was das NLP als Ziel anstrebt, habe ich von Rudolf A. Schnappauf übernommen. Er schreibt:

„NLP ist das, was du tust, damit es dir und anderen gut geht.“[35]

Um die Stärke eines Konzepts kennenzulernen, ist es hilfreich, sich die Grundannahmen genauer anzuschauen. Im Neurolinguistischen Programmieren sind mir vier Grundannahmen besonders wichtig[36]:

1. Eine Wahlmöglichkeit ist besser als keine Wahlmöglichkeit.

Auf den ersten Blick scheint diese Grundannahme nur eine Banalität darzustellen. Doch wenn man sich einmal intensiver mit ihr beschäftigt, dann entdeckt man schnell, daß es einen gewaltigen Unterschied macht, ob ich „Flexibilität“ sage oder praktiziere! Dazu nur ein Beispiel:

Eine Befragung von Entscheidungsträgern in Unternehmen ergab, daß bei über 70 Prozent der Entscheidungen nur eine Alternative diskutiert wurde, dabei hätte bei rund 75 Prozent der Fälle eine Alternativlösung zu einem besseren Ergebnis geführt. Nur ein Drittel der Befragten bemüht sich wirklich um die Suche nach Alternativen. – Diese ermittelten Fakten vermochten aber nicht das übergroße subjektive Sicherheitsgefühl zu erschüttern, welches viele der befragten Entscheidungsträger mit Blick auf ihre Entscheidungen besaßen. Ein durchgängig festgestelltes Motto lautete: Ich bin flexibel, aber die anderen sollten sich mehr darum bemühen ... .

Christine Wittenzellner, welche diese Untersuchung durchführte, faßt ihre Eindrücke zusammen: „Mehr, als der einzelne annimmt, hängt er an eingefahrenen Denkmustern. Es gibt eine hohe Tendenz, bei dem zu bleiben, was man kennt und kann. Und das wird liebend gern weitergemacht, auch wenn es gar nicht mehr wichtig ist.“ [37]

Diese Grundannahme betrachtet u.a. folgende Fragen:

- Erarbeite ich mir wirklich erst mehrere Alternativen, bevor ich aktiv loslege?
- Oder treffe ich schon aus einem subjektiven Sicherheitsgefühl heraus wichtige Entscheidungen, bevor ich das gesamte Projekt überblicken kann?
- Wie lerne ich, im Lernfluß zu bleiben, und wie bewahre ich mich davor, eingefahrenen Denkmustern zu folgen?

Zur Notwendigkeit, sich mit derartigen Fragen auseinanderzusetzen, merkt Frederic Vester an: „Einer Änderung unseres Denkens und Handelns ... steht weniger der Mangel an geistigen und technischen Möglichkeiten entgegen als vielmehr ein ungeheurer Ballast an Traditionen, Tabus, an Lehrmeinungen und Dogmen. Obwohl keineswegs genetisch verankert, wurden sie doch von Generation zu Generation als unverrückbare ‚Wahrheiten' weitergegeben. Eine der wichtigsten Aufgaben in Richtung eines neuen Denkens wird es daher sein, die eigentliche Natur jener Normen zu analysieren. Es gilt, die Scheinkonstanten unter ihnen zu erkennen, die ... mit unserer heutigen Realität nicht mehr das geringste zu tun haben.“[38]

Mir kommt auch Richard Bandlers Frage in den Sinn, welcher die Suche nach Alternativen einmal leicht überzogen dargestellt hat: Habe ich mir schon einmal Gedanken gemacht über die Gedanken, die ich nie gedacht habe?

2. Es gibt immer auch eine unbewußte Wahlmöglichkeit.

Diese Grundannahme – in gewisser Weise eine Erweiterung der ersten – konzentriert sich auf die Frage, wie wir unser Denken ökonomisch gestalten können. Gregory Bateson, der sich in seinen Arbeiten immer sehr intensiv auf die

Suche nach den jeweils grundlegenden Strukturen und Zusammenhängen begeben hat, betont die *systemische Struktur des Geistes*, gerade auch in dessen wechselseitiger Abhängigkeit von bewußten und unbewußten Anteilen:

„Wenn der gesamte Geist ... ein integriertes Netzwerk (von Aussagen, Bildern, Prozessen, Nervenkrankheiten oder ähnlichem – je nach der bevorzugten wissenschaftlichen Terminologie) ist, und wenn der Inhalt des Bewußtseins nur eine Auswahl verschiedener Teile und Lokalitäten dieses Netzwerks ist, dann ist die bewußte Auffassung des Netzwerks als Ganzes eine ungeheuerliche Leugnung der Integration dieses Ganzen. Bei einem Schnitt durch das Bewußtsein sind, was über der Oberfläche erscheint, Kreislaufbögen und nicht entweder die gesamten Kreisläufe oder die größeren vollständigen Kreisläufe von Kreisläufen."[39]

Aus diesem Erkennen schließt Bateson, das es unbedingt notwendig ist, sich aus den Fesseln des vordergründigen Bewußtseins zu befreien und das Unbewußte oder Übergeordnete oder Gerade-Nichtfokussierte oder Zufällig-Mitvorhandene oder ... als Potential zu nutzen. Denn es gibt in jeder Situation, in jedem Kontext immer noch mehr zu erkennen und zu erforschen. Und die Tatsache, daß die Forschung oder unser Denken in einer bestimmten Richtung aufgehört hat, sagt noch nichts darüber aus, daß es in dieser Richtung nichts mehr zu entdecken gibt. Dazu wieder ein Beispiel:

„Als Ärzte hatten sie Ziele: dies und jenes zu heilen. Ihre Forschungsbemühungen konzentrierten sich daher ... auf die kurzen Kausalketten, die sie mit Hilfe von Medikamenten oder anderen Eingriffen manipulieren konnten, um mehr oder weniger spezifische und identifizierbare Zustände oder Symptome zu korrigieren. Immer, wenn sie eine wirksame ‚Heilmethode' für etwas entdeckten, hörte die Forschung in diesem Bereich auf, und die Aufmerksamkeit richtete sich auf etwas anderes. Wir können jetzt die Kinderlähmung verhüten, aber niemand weiß wesentlich mehr über die systemischen Aspekte dieser faszinierenden Krankheit. Die Forschung auf diesem Gebiet hat aufgehört oder wird bestenfalls darauf beschränkt, die Impfstoffe zu verbessern. ... Aber ein Haufen Tricks zur Heilung oder Verhütung einer Reihe von spezifizierten Krankheiten ergibt keine umfassende Einsicht."[40]

Was ist zu tun? Beginnen Sie damit, die Kommunikation mit sich selbst, mit Ihren unbewußten Anteilen zu würdigen und als potentiellen Ratgeber zu integrieren. Wer nur das Bewußte anerkennt, der leugnet entscheidende Verfahrensweisen und Perspektiven und verfügt nur über ein weitgehend verzerrtes, eingeschränktes Wirklichkeitsbild. Der erste Schritt zu einer lebendigen Kommunikation mit sich selbst besteht in der Würdigung dieser Möglichkeiten. Und hier beginnt NLP...

3. Es gilt, für jede Ressource den richtigen Platz und Zeitpunkt zu finden.
Das NLP ist stark lösungsorientiert, nur wenig problemorientiert. 80% der verfügbaren Zeit sollte deshalb den Lösungen, nur etwa 20% der Problembeschreibung zuerkannt werden. Lösungen können jedoch nur dann wirksam erarbeitet werden, wenn die Ressorcen (Fähigkeiten und Fertigkeiten, das sind Zeit, Kraft, Energie, Motivation, Lernbereitschaft, Aufmerksamkeit, ...) der beteiligten Menschen gewürdigt werden. Das NLP geht davon aus, daß Menschen schon über die Ressourcen verfügen, die sie benötigen, um Veränderungen erfolgreich (zielorientiert) zu gestalten.

„Verfügen" kann dabei bedeuten,

- daß ein Mensch die notwendigen Ressourcen schon selbst im richtigen Kontext aktiviert hat (der „einfachste Fall") oder
- daß die Ressourcen aus einem anderen Kontext in den betreffenden übertragen werden müssen (Anthony Robbins berichtet von einem jungen Mann, welcher in der Schule als sprachbehindert und verhaltensauffällig galt, wohingegen er ein ganz ausgezeichneter Surfer war, der schwierigste Situationen mühelos bewältigen konnte – die Aufgabe bestand darin, sein gutes Gefühl, seine Aufnahme- und Reaktionsfähigkeit und sein Selbstvertrauen, welches er beim Surfen zeigte, auf die Schulsituationen zu übertragen, indem dieser – in einem Wortbild ausgedrückt – damit beginnt, „die Schule zu surfen"[41]) oder
- daß ein Mensch die benötigten Ressourcen nicht bei sich selbst, wohl aber bei anderen Menschen wahrgenommen hat und nun lernt, deren Strategien für sich selbst zu „modellieren" oder

- daß ein Mensch die benötigten Ressourcen weder bei sich selbst noch bei anderen bisher wahrgenommen, aber eine Vorstellung von den Ressourcen entwickelt hat und nun lernt, so zu tun, „als ob“ er sie schon verfügbar habe oder
- ...

Sie merken, es gibt viele Spielarten und Möglichkeiten, Ressourcen zu aktivieren. Die Aufgabe, besser: Herausforderung besteht demnach oftmals darin, die Ressourcen zum richtigen Zeitpunkt am richtigen Platz zu aktivieren. Diese Herausforderung nennt sich NLP ...

4. *Wenn ich ein Verhalten nicht verstehe, dann sollte ich nach dem sekundären Gewinn suchen.*

Diese Grundannahme betont, daß jedes Verhalten Sinn macht. Nun kann es ohne weiteres passieren, daß ich als Beobachter ein bestimmtes Verhalten eines anderen Menschen nicht „verstehen“ (akzeptieren, nachvollziehen, gutheißen, ...) kann. Die übliche Konsequenz ist, daß ich alles mögliche an Aktionen vom anderen erwarte, selbst aber nicht zu einer bestimmten Aktion bereit bin, nämlich meinen begrenzten Betrachtungswinkel für einen Augenblick aufzugeben und dieses mir unverständliche Verhalten einmal in einen anderen Kontext zu stellen, wo es Sinn macht.

Diese Grundannahme besagt demnach, daß die Flexibilität im Handeln auch in den Händen des Beobachters liegt. Die Suche nach dem sekundären (= verborgenen) Gewinn ist die Suche nach den Kontexten, in denen jenes Verhalten einen Sinn ergibt. Denn erst wenn mir dieser Sinn verständlich ist, vermag ich mit dem anderen effektiv zu kommunizieren; erst wenn ich mein Weltbild erweitert habe, vermag ich dem anderen zu helfen, sein Weltbild zu erweitern.

Nur so geht's. Ich muß den ersten Schritt tun .... Bin ich dazu bereit?

3.2 Wie arbeite ich mit NLP?

Ich möchte diese Frage etwas konkretisieren. Hinter dieser Frage verbergen sich weitere Fragen wie:

- **Wo genau wende ich NLP eigentlich an? Wie tue ich dies dann?**
- **Wie erfolgt Lernen mit NLP-Methoden? Was ist das Besondere dabei?**
- **Was ist mir besonders wichtig bei meiner Arbeit mit NLP? Auf welche Rahmenbedingungen möchte ich dabei auf keinen Fall verzichten?**

NLP ist für mich *Ausdruck einer „natürlichen" Kommunikation*. Mir gefällt die Umschreibung von Rudolf Schnappauf, NLP sei das, was ich tue, damit es mir und anderen gut gehe. Vor diesem Hintergrund hat NLP viel mit dem Wieder-Entdecken natürlicher Kommunikations- und Lernformen zu tun.

Kommunizieren und Lernen stellen in vielen Bereichen meines Lebens hilfreiche Fähigkeiten dar. Insofern setze ich NLP-Methoden und -Verfahren sehr häufig ein, weil sie ja zum Ziel haben, die Qualität meiner Kommunikation und meines Lernverhaltens zu steigern. Das ist nichts Besonderes, denn dies tut jeder Mensch auf seine Weise.

Auch Sie setzen schon NLP-Methoden und -Verfahren ein. Diese möglicherweise für Sie überraschende Tatsache wirft ein neues Licht auf NLP-Verfahren und auf das Lernen von NLP-Methoden. Denn vielfach besteht der Lernprozeß darin, sich der bereits vorhandenen Fähigkeiten und Ressourcen bewußt zu werden, um sie dann gezielt einsetzen zu können.

Wenn es nun keine Beschränkungen dafür gibt, was NLP ist und wer NLP anwendet, sollte NLP dann nicht auch in allen Bereichen eingesetzt werden?

Ich meine, nein. Mein Einsatz von NLP-Methoden stößt an eine Grenze: Manche Fragen im NLP, besonders die des Meta-Modells der Sprache, sprengen den Rahmen „normaler" Kommunikations- und Umgangsformen. Sie richten den Fokus auf Aspekte und Zusammenhänge, an die man „normalerweise" nicht denkt. Dadurch ist es mit Hilfe dieser Fragen aber möglich, schnell „zum Knackpunkt" eines Sachverhalts vorzudringen.

Eine Offenlegung „geheimer" Vorstellungen ist jedoch nicht in jedem Gespräch und von jedem Gesprächspartner erwünscht. Bevor ich also derartige

Fragen stelle, achte ich sehr darauf, ob der Kontext stimmt (Habe ich Signale bekommen, daß der Gesprächspartner meine Hilfe wünscht? Ist jetzt die richtige Zeit dafür? Hat er Zeit, habe ich Zeit? Sind wir weitgehend ungestört und könnten uns auf unser Gespräch konzentrieren? Ist unser gegenseitiges „Stimmungsbild" so, daß wir ein tiefergehendes Gespräch führen können?), und bitte dann explizit um die Erlaubnis, mit einigen Fragen zur Klärung eines Sachverhalts beitragen zu dürfen.

Mir liegt der verantwortungsbewußte Umgang mit NLP-Methoden sehr am Herzen. Wer nicht bereit und fähig ist, dieses Konzept ganz im Dienste einer guten Kommunikation einzusetzen und die Wünsche und Bedürfnisse des anderen hoch zu achten (– auch den Wunsch, auf „NLP-Methoden" zu verzichten! –), der sollte lieber die Finger vom NLP lassen.

Sicherlich, man kann mit NLP-Methoden kurzzeitig Menschen dahingehend manipulieren, daß sie tun, was man möchte; doch auf die Dauer werden sich diese Fähigkeiten dann gegen den Manipulator wenden und der kurzzeitige Gewinn durch den Verlust von Menschen und Freunden ausgelöscht werden.

Als ich das Neurolinguistische Programmieren kennenlernte, wurden *zwei Meinungen über NLP* sehr kontrovers diskutiert:

- Es gab Gegner des NLP, die dieses Konzept als *„reine Technikschmiede"* verdammten, in welcher die Kommunikation in kleinste Lernhäppchen aufgespalten würde und wo man sich gar nicht um den Kontext und um ethische Prinzipien der Anwendung kümmerte, sondern sich nur um das stoische Erlernen einzelner Fertigkeiten bemühte.
  Daß solch eine Kritik greifen konnte, dazu haben Bandler und Grinder ein Gutteil beigetragen. So schreibt Thies Stahl: „Ist das NLP also ein seelenloses Handwerk? Schließlich haben sich Grinder und Bandler erklärtermaßen nur für die Techniken der Vorbilder interessiert, losgelöst von deren Geschichte, Umfeld und Person. Haben sie sich nicht schon deshalb in ihrem Ansatz, hier zu ‚extrahieren' und dort zu ‚installieren', zu weit von den Menschen Satir, Perls und Erickson und dadurch auch vom Geist ihrer Arbeit entfernt?"[42]

- Die Befürworter des NLP betonten demgegenüber, daß es notwendig sei, mit der „richtigen" Einstellung an dieses Konzept heranzugehen, um es wirklich zu verstehen und richtig würdigen zu können. Es sei ein Persönlichkeitskonzept, welches wieder den Weg freimache für gute Kommunikation sowie kreatives und erfolgreiches Lernen. Die im Kapitel 3.1 beschriebenen Grundannahmen können Ihnen dabei einen Eindruck von dieser „Philosophie" des NLP vermitteln.

Ich denke, daß beide Pole wichtige und hilfreiche Aspekte beschreiben: Es geht sowohl um den Erwerb einer NLP-Einstellung als auch um die Aneignung von NLP-Techniken, wobei meiner Ansicht nach ein achtsames Kennenlernen und Umgehen mit den NLP-Methoden als Grundlage dienen sollte.

Sich um die NLP-Einstellung zu bemühen bedeutet, sich zu entscheiden für einen ethisch fundierten, langfristig angelegten Wachstumsprozeß, in welchem die einzelnen Methoden und Verfahren in das eigene Wesen integriert werden und wo die neugewonnenen Fähigkeiten Schritt für Schritt in den jeweiligen Kontexten erprobt werden.

NLP lernt man nicht an bloß einem Wochenende, sondern man begibt sich auf eine lange Reise: Die „Strukturen unseres subjektiven Erlebens", die Strukturen unseres Kommunizierens, unseres Lernverhaltens sind viel zu wichtig, um sie nur im Vorübergehen mitnehmen zu wollen; sie bedürfen unserer ungeteilten Aufmerksamkeit; unser „Herzblut" ist bei diesem Entwicklungsprozeß gefragt!

Die NLP-Techniken ohne die entsprechende Einstellung erwerben zu wollen bedeutet demgegenüber, NLP als „Schmiermittel für die Prozesse des menschlichen Miteinanders"[43] mißbrauchen zu wollen und das Augenmerk auf schnelle Erfolge und Einflußmöglichkeiten zu richten. Patent-Rezepte, Machtstrategien und manipulative Sozialtechniken stehen dann im Vordergrund, keineswegs aber der einzelne Mensch.

Stephen Covey hat die verhängnisvollen Folgen einer derartigen Technikorientierung beschrieben: „Ich kann versuchen, Sozialtechniken einzusetzen, um andere Menschen zu etwas zu bewegen: besser zu arbeiten, motivierter zu sein, mich und einander zu mögen. Aber ich kann nicht auf lange Sicht erfolgreich sein, wenn mein eigener Charakter grundsätzliche Störungen aufweist, wenn ich doppelzüngig und unaufrichtig bin. Meine Falschheit wird zu Mißtrauen führen. Dann wird alles, was ich tue, selbst wenn ich sogenannte gute Beziehungstechniken anwende, für Manipulation gehalten. Es macht überhaupt keinen Unterschied, ob die Rhetorik oder die Absichten besonders gut sind; wenn wenig oder kein Vertrauen besteht, gibt es kein Fundament für dauerhaften Erfolg. Nur grundlegende Wahrhaftigkeit verleiht den Techniken Leben."[44]

Doch wie lernt man nun NLP am elegantesten?

NLP lernt man am leichtesten, wenn man „neugierig" ist, neugierig auf Möglichkeiten und Alternativen, darauf, das, was man immer schon tut, einmal anders zu tun, zu betrachten, zu erfassen, zu erspüren; NLP lernt man, wenn man sich die Erlaubnis gibt, mit den alltäglichen Handlungen zu experimentieren und dadurch herauszufinden, ob es nicht noch wesentlich elegantere Möglichkeiten gibt, etwas zu tun; NLP lernt man, indem man die Methoden und Übungen einfach mal ausprobiert und sich erst im Anschluß daran damit beschäftigt, was genau herausgekommen ist ... und ob man dies oder jenes in Zukunft übernehmen möchte.

Ziel ist es, die Konsequenzen unseres Handelns und Unterlassens herauszuarbeiten, damit wir uns dann entscheiden können, was genau wir wirklich wollen, und uns auch darüber im klaren sind, was wir mit unseren Aktionen konkret bewirken.

Seminare bilden für mich den idealen Rahmen, um NLP Schritt für Schritt kennenzulernen. Hier haben Sie den „Freiraum", um die Wirkungsweise Ihrer Kommunikation zu erfahren und um neue Dinge auszuprobieren. Ja, hier können Sie auch einmal bewußt „ins Fettnäpfchen" treten und ausprobieren, welche Folgen Ihr Verhalten wirklich haben könnte.

Wir benötigen derartige „soziale Lernräume" besonders dringend, wenn es um unser Verhalten geht. Denn soziale Lernexperimente werden in der beruflichen Welt nur bedingt toleriert: Dort sollen wir „perfekt" sein, ohne Gelegenheit zu haben, Perfektion zu trainieren. Deshalb sind Seminare als Lernraum so außerordentlich wichtig für die persönliche Entwicklung. Ich möchte, daß Sie in Seminaren folgende Erfahrungen machen:

- daß Sie Ihre Denkgewohnheiten, Ihr Verhalten in konkreten Lernsituationen einer Prüfung unterziehen;
- daß Sie neue, kreative Ausdrucksmöglichkeiten kennenlernen, um Ihre Erfahrungen präziser und differenzierter kommunizieren zu können;
- daß Sie sich der „Kosten" (Folgen) Ihres Tuns und Unterlassens bewußt werden
- und daß Sie Ihre Ziele präzisieren und die Erreichung derselben sicherstellen.

Inhaltlich werden Sie sich im Rahmen eines NLP-Trainings u.a. mit Fragen beschäftigen, die

1. Ihre Wahrnehmungsgewohnheiten betreffen (z.B. Wahrnehmungstypen und sinnesspezifische Beschreibung von Erlebnissen),
2. den Akt des Kommunizierens in seine Einzelelemente zerlegen (Wahrnehmen, Speichern bzw. Repräsentieren und verbales sowie nonverbales Sich-Ausdrücken) und diesen auch wieder in seiner komplexen Ganzheit trainieren,
3. dem Beziehungsaspekt gegenüber dem Inhaltsaspekt stärkere Beachtung schenken (Motto: „Was gibt es über den Inhalt hinausgehend noch zu erfahren?"),
4. Ihnen neue und aufregende Möglichkeiten der Flexibilität im Denken und Handeln und damit einen Zugang zur persönlichen Kreativität eröffnen (Motto: „Wenn das, was du tust, nicht funktioniert, dann tu doch einfach etwas anderes"),
5. eine konsequente, „sinn-volle" Zielorientierung (Zielfindung und Zielerreichung) im persönlichen Handlungsvollzug einüben und
6. Ihnen dabei helfen, Ihr individuelles „Zeitgefühl" besser in den Griff zu bekommen.

Angesichts dieser Themenfülle dürfte es Ihnen einleuchten, daß das Neurolinguistische Programmieren nicht an einem Wochenende gelernt werden kann. Es bedarf einiger Seminare, um sich ein Grundverständnis zu erarbeiten, von dem ausgehend dann eigenständige Wachstumsschritte möglich sind. Und wenn man sich ernsthaft damit beschäftigt, dann erkennt man irgendwann, daß man sich auf eine lebenslange Reise begeben hat.

Neben dem Lernort „Seminar" möchte ich als zweites Lernfeld noch auf *Ihren persönlichen Arbeitsbereich* eingehen. Wenn Sie das NLP im Rahmen einer Ausbildung kennenlernen möchten, so ist es zwischen den einzelnen Seminarblöcken Ihre Aufgabe, die gelernten Methoden und Verfahren in Ihren verschiedenen Handlungsfeldern[45] umzusetzen.

Wenn Sie dies tun, dann können Sie dabei keinen Mißerfolg erzielen, sondern erhalten ausschließlich Feedback: Feedback, ob das, was Sie tun, der Situation und dem Kontext angemessen ist; Feedback, ob Ihr Handeln „erfolgreich" ist, ob es funktioniert oder nicht; und wenn es nicht funktioniert hat, dann das Feedback als Aufforderung, etwas anderes auszuprobieren. Wenn Sie mit dieser Einstellung an Ihre Aufgaben herangehen, dann praktizieren Sie NLP!

Ich begrüße es sehr, wenn zwischen den einzelnen Seminaren mehrmonatige Erprobungsphasen vorhanden sind. Schon allein deshalb, damit sich die technische Qualität der Kenntnisse mit Ihrer persönlichen Note verbinden kann und Sie „Ihren" einzigartigen NLP-Stil kennenlernen und ausbilden können.

Denn das ist eines meiner wichtigsten Prinzipien im Umgang mit Menschen: Jeder Mensch ist in seiner Weise einzigartig ... und diese Einzigartigkeit gilt es im Seminar zu würdigen und bei der NLP-Vermittlung entsprechend zu berücksichtigen.

Eine weitere Möglichkeit, mit NLP im beruflichen Kontext zu arbeiten, stellt das *Personal Coaching* dar. Ein Coach unterstützt Führungskräfte oder ausgewählte Mitarbeiter bei der Betrachtung und Bewältigung ihrer täglichen Aufgaben. Das Personal Coaching verlangt dabei eine methodische Vorgehensweise, die dem NLP weitgehend entgegenkommt: Es wird zielorientiert, schnell, funktional und pragmatisch gearbeitet.[46]

3.3 In welchen Büchern kann ich mich eingehender über das NLP informieren?

Wer sich mit NLP beschäftigt, der erwartet in einer Einführung die Erläuterung bestimmter NLP-typischer Begriffe wie Rapport, Pacing und Leading, Submodalitäten, Repräsentationssysteme, um nur einige wenige zu nennen. Ich habe in dieser Einführung weitgehend auf die Verwendung und Erläuterung dieser Begriffe verzichtet, weil ich Ihnen einen anderen Zugang zum NLP eröffnen wollte:

Das „Fragen-Stellen" ist eine „natürliche" Methode, um in ein unbekanntes Gebiet vorzudringen und sich darin einzuarbeiten.

Gleichwohl möchte ich Ihrer Erwartungshaltung genügen und Ihnen zumindest einige Anhaltspunkte geben, wo und wie Sie sich weiterführend im NLP qualifizieren können und wo Sie die wichtigsten Begriffe des NLP erläutert bekommen. Angesichts der mittlerweile vorhandenen Bandbreite der verschiedenen NLP-Ansätze möchte ich mit zwei Fragen Ihren persönlichen Bedarf konkretisieren:

1. In welchem Bereich (Therapie, Pädagogik, Medizin, Management etc.) möchten Sie sich mit Hilfe von NLP qualifizieren?

Mit dieser Frage legen Sie Ihren fachlichen Schwerpunkt fest; dies ist eine wichtige Klärung, wenn es um die Auswahl von Einführungsliteratur geht. Sicherlich, bisweilen ist es hilfreich, „über den eigenen Tellerrand" hinausgehend fachfremde Bücher zu lesen: Doch warum wollen Sie sich einen Einstieg unnötig schwermachen?

2. Was genau möchten Sie durch die Lektüre eines Buches für sich selbst bewirken?

Das NLP zielt auf Veränderungen, und viele Bücher möchten auch zu Veränderungen animieren. Mit dieser Frage geht es mir darum, daß Sie sich Ihres persönlichen Veränderungsinteresses bewußt werden. Ich halte nicht viel davon, wenn Erwartungshaltungen wie „Mal sehen, was das ist“ oder „Ich weiß nicht, aber es könnte ja etwas Gutes drin stecken“ oder „NLP – ich lasse alles mal ganz offen auf mich zukommen“ oder „Der Klaus hat mir gesagt, ich solle mal ... und jetzt will ich mal sehen“ geäußert werden. Denn derlei „unbestimmte“ Erwartungshaltungen werden sich nur selten im Laufe des Lesens klären. Weitaus häufiger werden diese Erwartungen sich festigen und schließlich eine Meinung produzieren, daß das, was mit NLP gemeint ist, wohl komplizierter scheint, als es in Wirklichkeit ist.

Es gilt das Prinzip: Je konkreter unsere Vorstellungen und Erwartungen vorab von uns formuliert worden sind, desto schneller werden wir auch konkrete Ergebnisse und Erkenntnisse erzielen.

Doch welche Bücher möchte ich Ihnen nun konkret ans Herz legen?

Bei der nachfolgenden Zuordnung bin ich auf die erstgenannte Frage eingegangen und habe eine grobe Sichtung der NLP-Literatur *unter der Perspektive „Einführungsliteratur“* vorgenommen. Des weiteren habe ich schwerpunktmäßig Bücher betrachtet, die auch das Thema *„NLP und Selbstmanagement“* betreffen.

Bitte nehmen Sie die kurzen Beschreibungen der Inhalte als das, was sie sind, nämlich als Stichworte – das sind Worte, mit denen man gleichsam in einen „Heuhaufen“ hineinsticht, mit deren Hilfe man schon manches erkennen kann, die aber auf keinen Fall einen ganzen Komplex erfassen können. Manche der Bücher decken mehrere Bereiche ab, so daß eine Zuordnung auch hätte anders erfolgen können. Die fett gekennzeichneten Bücher habe ich ausführlich besprochen, weil sie mir besonders gut gefallen.

Nicht aufgenommen in diese Übersicht sind Bücher, die *spezifische Teilbereiche des NLP* (Reframing, Submodalitäten, Time Line etc.) näher betrachten und sich an einen Leserkreis wenden, der sich schon weitaus intensiver mit NLP beschäftigt hat.

3.3.1 NLP und Kommunikation

- **Richardson 1992: Erfolgreich kommunizieren**

Der englische Originaltitel „The Magic of Rapport" verdeutlicht, worum es geht – es geht darum, die grundlegenden Faktoren erfolgreicher Kommunikation kennenzulernen und anzuwenden. Die Beschreibung dieser Faktoren schafft Bewußtheit, die Bewußtheit weckt das Verständnis für die Verhaltensmuster anderer und für die eigenen Gewohnheiten – und bereitet damit den Boden für das Erlernen und Ausprobieren neuer Kommunikationsformen. Die insgesamt vier Teile dieses Buches beleuchten diesen Gedankengang aus verschiedenen Perspektiven:

1. Rapport: Was ist das, und wie stellen Sie ihn her?
2. Die Kunst, verständlich zu kommunizieren
3. Die Kunst zu überzeugen
4. Die Kunst, Widerstand zu behandeln.

Mir gefällt die klare sachliche Sprache des Autors, der wohl Kommunikation als Kunst versteht, aber als eine Kunst, die man erlernen kann – und der das Lernen fördert durch leicht nachvollziehbare Handlungsschritte.

- **Marwitz 1993: Lean Company.**

Das Buch von Klaus Marwitz in die Rubrik „NLP und Kommunikation" einzuordnen heißt, im Grunde genommen, eine unzulässige Eingrenzung vorzunehmen. Denn es sprengt in mancherlei Hinsicht den Rahmen o.g. Vorgabe, weil es auch Fragen des Managements, der Führung, des Lernens, der lebendigen Organisation und viele andere behandelt; ich habe es schließlich der „Kommunikation" zugeordnet, weil die Förderung einer lebendigen Kommunikation das Leitthema sowohl des Autors selbst als auch dieses Buches darstellt.

Vom Titel ausgehend beschäftigt es sich mit dem aktuellen Stichwort „Lean" im Rahmen von Organisationen/Unternehmen („Company"). Im Gegensatz jedoch zu einer Vielzahl von Büchern zum gleichen Thema nimmt der Verfasser diese Thematik wirklich ernst und beginnt an einem Punkt, den viele als vernachlässigbare Größe betrachten – er beginnt beim Menschen, stellt diesen in den Mittelpunkt seiner Betrachtungen und beschreibt – eigentlich doch logisch – gemäß dem Untertitel „Der freie Blick auf die neue Unternehmens-Vision" die Wachstumsmöglichkeiten, die sich für ein Unternehmen daraus ergeben, wenn es sich ernsthaft mit der Förderung seiner Kommunikation nach innen und nach außen beschäftigt. Und das ist – wie gesagt – noch lange nicht alles. Dieses Buch ist für mich eine Fundgrube an Ideen, um sich persönlich und beruflich zu entwickeln – nicht weniger!

Und NLP? Ja, NLP durchdringt das gesamte Buch. Es enthält nicht nur Methoden und Übungen, es ist durchzogen von der Philosophie des NLP, davon, den Menschen ernst zu nehmen und ihm alle Hilfestellungen zu geben, die er benötigt, damit er sich verändern kann.

■ Weitere Buchempfehlungen (nähere Angaben siehe Literaturverzeichnis): Ulsamer 1991; Laborde 1992.

3.3.2 NLP und Konflikt, NLP und Krisen

■ **Luz in: Peschanel 1993: Konfliktbearbeitung mit NLP.**

Es handelt sich „nur" um einen knapp 20seitigen Aufsatz im Rahmen einer sehr umfassenden Abhandlung zum Thema „Phänomen Konflikt". Ich empfehle das gesamte Buch, weil es diesen so überaus spannenden Bereich der Kommunikation sehr differenziert darstellt und über die vergleichende Lektüre der verschiedenen Facetten und Ansatzmöglichkeiten der NLP-spezifische Ansatz zur Konfliktlösung gut herauskommt. Ich möchte einige für das NLP typische Lösungsideen nennen:

- Sehr oft entzündet sich ein Konflikt am Verhalten einer Person, wohingegen die positive Absicht der betreffenden Person zumeist ausgeblendet wird – NLP begibt sich auf die Suche nach „dem Guten im Schlechten", d.h. nach der sich hinter dem Verhalten verbergenden positiven Absicht.
- Konflikte können immer als Widerstreit zwischen verschiedenen Teilen innerhalb eines vorgegebenen Rahmens verstanden werden; dieser Rahmen mag dabei eine einzelne Person (intrapersonale Konflikte), zwei oder mehr Personen, Gruppen, Teams oder gar Organisationen umfassen.

– NLP klärt die einzelnen beteiligten Teile und sorgt für eine strukturierte, schrittweise Verständigung zwischen diesen Teilen.

– Das Prinzip „Gewinnen statt Siegen" im Blick bietet das NLP nicht nur eine einzige, sondern viele verschiedene Methoden zur Konfliktlösung an, so z.B.
  - ⇨ die Arbeit an einer „wohlgeformten Zielvereinbarung" mit allen am Konflikt Beteiligten
  - ⇨ oder zur Förderung des gegenseitigen Verstehens das Wechseln der Betrachtungsperspektiven von der Ich- zur Du- und zur Metaposition
  - ⇨ oder Ansätze, den Konflikt mittels Umdeutungen in einen anderen Rahmen zu stellen, um so den Konfliktpartnern wieder Flexibilitätspotential für ihr Handeln zu eröffnen.

■ **Klimke / Schott 1993: Die Kunst der Krisen-PR.**

Die Autoren beweisen, daß auch „Krisenmanagement" eine erlernbare Fähigkeit darstellt. Die Grundlage ihres Konzepts bildet die sog. RACE-Formel, welche die vier Handlungsphasen des Krisenmanagements beschreibt:

– **R** wie Research oder das schnelle Sammeln und Bewerten von relevanten Informationen zur Lage,

– **A** wie Action oder eine realistische Zielbestimmung schon in einer sehr frühen Phase der aktuellen Krise und darauf bezogene konkrete Umsetzungsschritte,

– **C** wie Communication oder die Aufgabe, (wieder) Vertrauen bei allen Beteiligten und Betroffenen zu etablieren und

– **E** wie Evaluation und die Aufarbeitung der Krise als Lernchance für zukünftiges Handeln, um letztlich gereift aus dieser Krise hervorzugehen.

Dieses Buch stellt für mich angewandtes NLP dar, indem unser „normales" menschliches Verhalten im Spiegel von krisenhaften Situationen und Ereignissen beleuchtet wird und konkrete Schritte zur alternativen Bewältigung zukünftiger Ereignisse erarbeitet werden. Mir gefallen die Aufarbeitung vieler Krisenfälle der letzten Jahre und die pragmatische und plastische sprachliche Darstellung.

3.3.3 NLP und therapeutisches Arbeiten

- **Stahl 1992: Neurolinguistisches Programmieren (NLP).**

NLP hat seine Wurzeln im therapeutischen Bereich. Thies Stahl – diesem Bereich eng verbunden – vermag „einen ersten Einblick von den Begriffen und Vorgehensweisen (zu geben), die NLP-Therapeuten und Trainer in ihrer Arbeit verwenden“ (S. 8). Sechs Themenkreise werden vor dem Leser ausgebreitet:

- Was ist NLP?
- Über die therapeutische Beziehung (Rapport)
- Worauf achtet der NLP-Therapeut, wenn er seinem Klienten gegenübersitzt?
- Informationen sammeln – was und wie der NLP-Therapeut fragt
- Die Veränderungsarbeit – was der NLP-Therapeut tut
- „Mensch und Technik“ – Schlußbemerkungen

Ich halte dieses Buch für eine ausgezeichnete, weil knappe und prägnante Beschreibung der Arbeit eines NLP-Therapeuten oder eines im therapeutischen Rahmen stattfindenden Trainings ... und für Trainer oder Interessierte aus anderen Kontexten mag der Blick in den ursprünglichen Kontext des NLP sehr lehrreich sein.

3.3.4 NLP und Vertrieb, NLP und Management

- **Bierbaum / Marwitz / May 1991: Happy Selling.**

Verkaufen ist Kommunikation – was liegt demnach näher, als das leistungsfähigste Kommunikationsmodell – das NLP – zu nehmen und das bislang festgefügte Weltbild, „wie man verkauft“, zu stürzen?

Was mir an diesem Buch besonders gefällt, ist die auf die Sinneswahrnehmungen abgestellte Beschreibung des verkäuferischen Handelns: „Wenn Sie Ihren Kunden besser verstehen wollen, ... dann konzentrieren Sie sich auf die Sinneskanäle, die Ihr Kunde benutzt, vermitteln Sie Ihre Informationen auf der Schiene dieser bevorzugten Sinneskanäle und erweitern Sie die Fähigkeiten Ihres Kunden, sinnlich wahrzunehmen“ (S. 70).

- **Bachmann / Priester 1992: Win-Win.**

Dieses Buch öffnet neue Horizonte für die Ausbildung von Verkäufern. Bisher dreht sich in den meisten Verkäuferschulungen alles um das Produkt. Man handelte so, als sei eine gute Produktkenntnis alles, was ein Verkäufer bräuchte, um in seinem Metier gut und erfolgreich zu sein. Doch diese Zeiten sind vorbei, insbesondere deshalb, weil sich die Produkte mehr und mehr ähneln. Es wird zunehmend wichtiger, die Beziehungen zwischen Verkäufer und Kunden zu untersuchen und den Verkäufer dahingehend zu qualifizieren, seine Beziehungen zu pflegen und auszubauen. Dies geschieht auf zweierlei Weise, nämlich durch die Schulung des sog. Grounding und Handling des Verkäufers:

Eine Schulung des Grounding soll dabei den Verkäufer als Persönlichkeit unterstützen; hierunter fallen alle Maßnahmen, die dem Verkäufer im Verkaufsgespräch zum Aufbau vertrauensvoller Beziehungen verhelfen, also:

- genau zu wissen, was er will, was sein Kunde will und wie sie zusammenkommen können,
- sich selbst zu achten, um „geben" und „nehmen" zu können, für sich zu sorgen, sich seiner Ressourcen bewußt zu sein im Verkaufsgespräch (sich positiv einstellen, sich motivieren),
- zu sehen, hören, fühlen, ..., was gerade passiert (präzises Wahrnehmen),
- Brücken zum Kunden aufzubauen (Rapport herstellen, halten und beenden),
- sein gesamtes Tun effektiv zu organisieren, sein Tagesgeschäft auf seinen eigenen Rhythmus abzustimmen, genau zu wissen, was wann wo wie und warum zu tun ist und was nicht (Balancing),
- und sich nicht als Einzelkämpfer aufzuführen, sondern den engen Kontakt zu seinem Team, zu seinem Unternehmen zu halten (Teamarbeit).

Das Handling als zweite Stütze beschreibt dabei einzelne Phasen eines Verkaufsprozesses (angefangen vom Akquirieren über den Erstkontakt bis hin zum Abschließen und zur Kundenpflege), damit der Verkäufer weiß, wo er gerade mit seinem Kunden dran ist und was der nächste Schritt sein könnte.

Mir gefällt dieses Buch, weil es ein umfassendes Schulungskonzept darstellt und NLP-Methoden und Philosophie in das verkäuferische Handeln respektvoll integriert hat.

- Weitere Buchempfehlungen (nähere Angaben siehe Literaturverzeichnis): Schott 1992; Buchner u.a. 1992; Moine/Lloyd 1994.

3.3.5 NLP und Lernen, NLP und Selbstcoaching

- **Robbins 1992: Grenzenlose Energie. Das Power-Prinzip.**

Erfolg – das ist das Zauberwort, welches das Denken, Fühlen und Handeln von Anthony Robbins bestimmt – dem Geheimnis des Erfolgs (gleichwohl in welcher Disziplin) auf die Spur zu kommen, das ist das Thema dieses Buches und zugleich auch Leitthema von NLP: Was ist der Unterschied zwischen zwei Personen, die nach außen hin dasselbe tun, der eine mit überragendem Erfolg, der andere ohne Erfolg; was ist der Unterschied, der einen Unterschied macht?

Anthony Robbins stellt in brillant herausgearbeiteten und leicht nachvollziehbaren Schritten sein Konzept des „Modellierens herausragender Leistungen" (Teil I) vor – er beschreibt, welchen Einfluß innere Zustände auf das Verhalten und damit auf den Erfolg ausüben, welche Macht im Glauben an einen Erfolg verborgen ist, wie man sein Gehirn zum Verbündeten auf dem Weg zum Erfolg gewinnt, wie man die erfolgreichen Strategien anderer Menschen ergründen und für sich selbst auswerten kann, und vieles andere mehr.

In Teil II werden unter der Überschrift „Die Grundlagen des Erfolgs" wichtige Eckpfeiler des NLP erläutert, zum Beispiel, wie man sich wirksame Ziele erarbeitet, wie eine präzise Sprache zum Erfolg beiträgt (hierunter verbirgt sich u.a. konzeptionell das Metamodell), wie man Rapport, d.h. einen guten Kontakt zu seinen Gesprächspartnern herstellt, auf welche Weise die eigenen Metaprogramme den Erfolg unterstützen oder behindern können.

In Teil III seines Buches betrachtet Robbins – nunmehr aus der Sicht eines mittlerweile erfolgreichen Menschen -, wie dieser seinen Erfolg langfristig zu sichern vermag. Denn der Weg zum Erfolg und das dauerhafte Festhalten des Erfolgs sind zwei verschiedene Paar Schuhe. Für Robbins zeichnet sich ein erfolgreicher Mensch durch besondere „Führungsqualitäten" (Leadership) aus. Diese Qualitäten machen diesen Menschen für andere Menschen ungeheuer attraktiv, so daß ihm andere vertrauen und ihm folgen. Leadership bedeutet nach Robbins aber auch, daß dieser Mensch lernt, sich seiner Verantwortung für sein eigenes Leben und für das Leben anderer bewußt zu sein.

Ich habe dieses fast 500 Seiten dicke Buch schon mehrfach gelesen. Ich bin tief davon beeindruckt, wie es Robbins gelingt, dieses so komplexe Thema: „Sein Leben erfolgreich gestalten“ auf den Punkt hin zu formulieren; ich bin begeistert von der klaren, lebendigen Sprache, von der Tiefe der Gedanken und von der schlüssigen Argumentation ... und – nicht zuletzt – von den so überaus effektiven Übungen.

■ **Covey 1992: Die sieben Wege zur Effektivität.**

Ich möchte das von Covey gelehrte Vorgehen das „7-Schritt-Universum zum Selbstmanagement“ nennen, weil in diesen sieben, miteinander verwobenen Wegen berufliches (öffentliches) und individuelles (privates) Leben seine Meisterung erfährt. Covey hat ein schlüssiges Konzept aufgebaut, welches *wirklich umsetzbar* ist und wo sich im Tun dann die positiven Veränderungen (Erfolge) zeigen.

Die sieben Wege zur Effektivität finden ihre Grundlage in sieben Prinzipien der Lebensgestaltung: bei den Prinzipien handelt es sich um „natürliche Gesetze“, welche die Effektivität eines Menschen bestimmen (S. 29); wer sich mit diesen Prinzipien auseinandersetzt und sie in seinem Leben befolgt und seine Lebensplanung daran ausrichtet, der hat einen entscheidenden Schritt getan zur Meisterung seines Lebens. Im einzelnen sind dies:

- 1. Weg: Pro-aktiv sein (Prinzipien der persönlichen Vision)
- 2. Weg: Schon am Anfang das Ende im Sinn haben (Prinzipien persönlicher Führung)
- 3. Weg: Das Wichtigste zuerst (Prinzipien des persönlichen Managements)
- 4. Weg: Gewinn/Gewinn denken (Prinzipien des sozialen Führungsverhaltens)
- 5. Weg: Erst verstehen, dann verstanden werden (Prinzipien der mitfühlenden Kommunikation)
- 6. Weg: Synergie erzeugen (Prinzipien der kreativen Kooperation)
- 7. Weg: Die Säge schärfen (Prinzipien der ausgewogenen Selbst-Erneuerung).

Mir ist klar, daß viele der Wegbezeichnungen Ihnen nur wenig verständlich sind; ich möchte sie Ihnen dennoch hier nicht erklären, ich möchte Ihnen aber dieses Buch wärmstens ans Herz legen. Noch eines: Sie werden in diesem Buch kein einziges Mal das Wort „NLP" finden. Und dennoch ist dieses Buch für mich eines der wertvollsten Einführungen in das NLP – nein, nicht in die Techniken, wohl aber in die Philosophie!

■ Köster 1994: Fähigkeiten erkennen, entfalten, nutzen.

Susanne A. Köster möchte Menschen helfen, ihre Fähigkeiten in alltäglichen Situationen zu erkennen, zu entfalten und zu nutzen. „Wie ich ... kann" – diese Aussage durchzieht dabei als roter Faden sämtliche Kapitel, wie z.B.

- „wie ich alle meine Sinne optimal nutzen kann",
- „wie ich mir leicht jeden Lernstoff merken kann",
- „wie ich schwierige Situationen leicht und erfolgreich meistere",
- „wie ich Abstand gewinnen und verschiedene Sichtweisen für mich nutzen kann".

Und die Autorin ist überzeugt davon, daß „jeder Mensch die meisten Fähigkeiten in sich (hat), die er gerade in seinem Leben braucht, um z.B. ein Ziel zu erreichen oder ein Problem zu lösen. Manche dieser Fähigkeiten müssen wir erst entdecken, um sie dann zu nutzen" (S. 13). Und Susanne Köster gibt Antworten in Form von knappen Erläuterungen, NLP-Übungen und -Techniken.

Was mir an dem Gesamtwerk besonders gefällt: Das NLP-Einführungsbuch wird ergänzt durch zwei Audio-Cassetten, auf denen 2 Phantasiereisen und 2 gesprochene NLP-Übungen enthalten sind. Und die Autorin hat eine sehr sympathische Stimme...

■ James 1992: Time Coaching.

Ohne Zweifel ein sehr ungewöhnliches Buch zum Zeit- und Selbstmanagement hat Tad James geschrieben. Der Zauberlehrling Milon wird stellvertretend für den Leser in die Geheimnisse des „Zauberers" eingeweiht. In leicht nachvollziehbaren Übungsschritten erfährt Milon, daß er mehr für seine eigene Zukunft tun kann, als er sich jemals zu erträumen wagte. Milon erfährt, daß es eine Zeit-Linie gibt, auf der sämtliche vergangenen, gegenwärtigen und zukünftigen Ereignisse seines Lebens ihren Platz haben, ferner, daß persönliche Werte und Glaubenssätze, Überzeugungen und Handlungen das Material sind, mit welchem man sein Leben, seine Zukunft planen und gestalten kann. – Und jeder Leser möge selbst entscheiden, ob er weiterhin Zuschauer bleiben möchte und Milon die gesamte Arbeit machen läßt oder ob er selbst in den Ring steigen und die Geheimnisse des Zauberers für sich anwenden möchte...

- **Bachmann / Friedrich 1994: Chaos – die neue Kraft im Selbstmanagement.**

Dieses Buch demonstriert, wie eine moderne Lernmethode – das Kreative Brainwriting – neue Möglichkeiten des Selbstmanagements eröffnet. Das Buch gliedert sich in zwei Teile:

In Teil I wird das Kreative Brainwriting Schritt für Schritt vorgestellt und eingeübt und dessen praktische Anwendung anhand vieler berufspraktischer Beispiele erläutert. So wird das Kreative Brainwriting zum Beispiel als Kreativitätsmethode, als Methode zur Zielklärung, als Planungsinstrument, als Arbeitsmethode, als Präsentations- und Visualisierungsmethode, als Methode zum Selbst-Coaching und als Grundlage für Teamentwicklung beschrieben.

In Teil II erhält der Leser Hintergrundinformationen zu dieser Methode, wie z.B. eine knappe Einführung in die Funktionsweise unseres „Denkzeugs" Gehirn oder in das Neurolinguistische Programmieren (NLP) als Rahmentheorie des Kreativen Brainwriting.

Was uns in diesem Buch besonders gelungen ist, sind die Fragen, die – nach jedem Kapitel gestellt – dem Leser helfen sollen, die Inhalte auf sich selbst, auf seine eigene Situation, auf seine zu lösenden Probleme, in seinen Kontexten, etc. anzuwenden.

- Weitere Buchempfehlungen (nähere Angaben siehe Literaturverzeichnis): Beyer 1992; Besser-Siegmund / Siegmund 1993; Staples 1993; Schmid-Oumard / Nahler 1993; Weiß 1990.

3.3.6 Weitere Bücher und eine Zeitschrift, die einen Weg in den NLP-Dschungel schlagen

- **Bachmann 1991: Das neue Lernen.**

Im Jahr 1991 habe ich einen Versuch unternommen, die damals als Neurolinguistisches Programmieren bekannten Methoden und Inhalte in einem Konzept zusammenzutragen und systematisch darzustellen. Wer sich umfassender über die konzeptionellen Hintergründe informieren möchte, wer die Wurzeln des NLP kennenlernen möchte und eine Einführung in das Konzept bevorzugt, die auch wissenschaftlichen Ansprüchen genügt, dem empfehle ich nach wie vor dieses Buch.

Mir ist bis auf das Werk von Rupprecht Weerth 1993 keine Untersuchung bekannt, die derart umfassend den gesamten Kontext dargestellt hat, in dem das NLP entstanden ist.

- **Mohl 1993: Der Zauberlehrling.**

Dieses Buch ersetzt kein Seminar, es ist aber eine ausgezeichnete Ergänzung, um sich einen Überblick über das gegenwärtige Lern- und Übungsangebot zu verschaffen und um im Heimstudium sich die eine oder andere Übung selbst zu erarbeiten. Eine kurze theoretische Abhandlung über die einzelnen Modelle des NLP hilft zur Einordnung der vielen Übungen. Die Beschreibung der Übungen ist so, daß sie für einen NLP-Anwender mit Seminarerfahrung nachvollziehbar sind. Eigentlich war solch ein Buch schon lange überfällig. Denn eine gute, systematische Zusammenfassung der bekanntesten NLP-Übungen hätte schon viel früher einen dankbaren Leserkreis gefunden. Ich habe mich nach Erscheinen des Buches gefragt, woran es wohl gelegen hat, daß solch ein Buch erst so spät auf dem Markt erschienen ist? – Lag es vielleicht daran, daß viele NLP-Trainer ihre „Geheimnisse“ (sprich: Übungen) nicht gerne weitergeben wollten, und wenn, dann möglichst in einem „kopiergeschützten“ Zustand, etwa dadurch, daß man sie auf violettem Papier abdruckte … und dadurch bei Lesern, die sich davon nicht beeindrucken ließen, nach kurzer Lesezeit heftige Kopfschmerzen erzeugte? Ich danke Alexa Mohl, die diesen unhaltbaren Zustand durch ihr Buch beendet hat.

- **Rückerl 1994: NLP in Stichworten.**

„Als Richard Bandler und John Grinder die Geheimnisse der erfolgreichen Kommunikation aufdeckten, wollten sie dieses Wissen allen Menschen zugänglich machen. Deshalb erfanden sie einfache Namen wie Reframing, Chunking, Modeling, Time Line (...). Für Amerikaner, die ja die originale Zielgruppe ... darstellten, sind diese Begriffe problemlos zu verstehen! Für viele deutsche Anwender hingegen sind die amerikanischen Begriffe ebenso unverständlich wie die lateinischen Bezeichnungen, die durch den akademischen Hintergrund ins NLP kamen" (S. 14).

Thomas Rückerl gibt einen Überblick über die wichtigsten NLP-Begriffe und schließt so eine wichtige Verständnislücke, so daß sich jetzt jeder deutschsprachige NLP-Interessent schnell und präzise über unklare Begriffe informieren kann. Ich freue mich über dieses Buch, weil es viel zu einer wechselseitigen Verständigung beiträgt.

- **„MultiMind – NLP aktuell"**
  – Zeitschrift für Neurolinguistische Kommunikation

Seit nunmehr drei Jahren auf dem Markt, stellt diese Zeitschrift ein mittlerweile unverzichtbares Bindeglied dar, um die verschiedenen Facetten des NLP kennenzulernen und um auf dem Laufenden zu bleiben.

Die Stärke dieser Zeitschrift ist, daß sie interdisziplinäres Arbeiten und Verstehen fördert, indem sie Beiträge, Seminarberichte, Interviews, Buchbesprechungen und Meldungen aus verschiedenen Bereichen (Therapie, Medizin, Pädagogik, Management, ...) zusammenträgt und damit dem so weit verbreiteten disziplinorientierten Schubladendenken entgegentritt. Sicherlich, für manche mag diese Offenheit und Weite zunächst ungewohnt sein, dabei sind diese doch gerade in unserer Zeit der wichtigste Wesenszug eines „Multimind".

4 Trainieren Sie sich selbst: Werden Sie Ihr eigener Coach!

In diesem Kapitel möchte ich Ihnen einige Übungen vorstellen, mit deren Hilfe Sie Ihre persönliche Entwicklung, Ihr Wachstum, voranbringen können. Diese Übungen sind zum großen Teil Bestandteil meines „Erfolg-durch-Balancing"-Konzepts. Die Übungen ersetzen kein Seminar, sie sind von mir aber so für Sie aufbereitet und mit Erläuterungen versehen worden, daß Sie sie schon „zu Hause" durchführen können. Ich hoffe, daß Sie dadurch einen Eindruck erhalten von dem faszinierenden Veränderungspotential, welches im Neurolinguistischen Programmieren verborgen ist.

Viele der hier vorgestellten Veränderungsstrategien berufen sich auf NLP-Gedankengut; selbstverständlich kann ich in diesem Buch nur eine kleine Auswahl von NLP-Methoden und -Übungen präsentieren. Doch ich hoffe, daß dieses Hineinschnuppern in die Philosophie und das Arbeiten mit NLP-Werkzeugen bei Ihnen so viel Interesse weckt, daß Sie von sich aus nach weiteren Konzepten Ausschau halten.

4.1 Wie organisieren Sie sich? – Schaffen Sie sich einen geeigneten Rahmen für Ihr Training!

Ich lege bei sämtlichen wichtigen Tätigkeiten sehr viel Wert darauf, daß der Rahmen stimmt. Weshalb? Nun, wenn wir ein Tennismatch bestreiten wollen, dann kleiden wir uns entsprechend, tragen unsere Ausrüstung zusammen und ... fahren in den Supermarkt? Nein, natürlich nicht, sondern auf den Tennisplatz zur verabredeten Zeit. Und wenn wir eine Bergwanderung oder ein Arbeitsmeeting oder einen Konzertbesuch oder einen Besuch im Zoo planen oder einfach nur ein Buch lesen wollen, dann werden wir uns auch entsprechend darauf vorbereiten.

Sollte dieses natürliche Prinzip nicht auch für unser Selbstmanagement gültig sein? Auf jeden Fall (!), so sollte man meinen. Bei meinen Beobachtungen bin ich aber auf einen Widerspruch gestoßen: Was bei äußeren Handlungen selbstverständlich und unmittelbar einleuchtend ist, wird bei inneren (selbstgerichteten) Handlungen oft kaum beachtet. Menschen können offensichtlich an „jedem" Ort „optimal" lernen.

Wenn es ums Lernen geht, sind anscheinend häufige Unterbrechungen, laute Musik, große Unordnung, zeitlicher Druck durch den nächsten Termin und dergleichen gar nicht so „störend".

Ich habe manchmal (auch bei mir) den Eindruck, daß wir „fast dankbar" sind für jede Unterbrechung, die uns davon abhält, wirklich ernst mit einer Sache zu machen. Das Management der eigenen Person – so ein weitverbreiteter Irrglaube – kann offensichtlich „irgendwie" und „zwischendurch" aus dem Ärmel geschüttelt werden. Doch glauben Sie ernsthaft daran, daß wirkliche Veränderungen auf solch einem Nährboden wachsen können?

Ich erinnere mich an einen Spruch:

„Sobald es einmal still um einen Menschen geworden ist, steht er vor seinem größten Problem: vor sich selbst!"

Ich möchte Ihnen ein Buch präsentieren, das es Ihnen ermöglicht, sich in Ihrer Gangart, d.h., wie es für Sie gut ist, zu entwickeln. Dies geschieht dadurch, daß Sie – wenn Sie sich auf die Übungen in diesem Buch einlassen – mit sich selbst in Kontakt treten werden und nach und nach ein Gefühl für Ihr eigenes Tempo gewinnen.

Selbstmanagement bedeutet für mich im Sinne des o.g. Spruches, mit klaren, ungetrübten Augen sich selbst ruhig anzuschauen, eine Bestandsaufnahme des eigenen Lebens, des beruflichen und persönlichen und sozialen Gewordenseins vorzunehmen und sich neu zu besinnen auf die Werte und Ziele, die Sie mit Ihrem Leben realisieren wollen, und dann Schritte in diese Richtung zu gehen.

Ich glaube fest daran, daß echte Veränderungsschritte sich zumeist in aller Stille ereignen, daß echte Persönlichkeiten in jedem Berufsfeld nicht „gemacht" werden durch eine zufällige Konstellation glücklicher Umstände, sondern sich in aller Stille entwickelt haben, lange bevor die Öffentlichkeit überhaupt auf sie aufmerksam geworden ist.

Wenn es mir möglich wäre, Ihnen mit diesem Buch etwas über den Wert der „Stille“ und des „stillen Wachsens und Reifens“ zu vermitteln, dann habe ich schon ein für mich sehr wichtiges Ziel erreicht. Denn „Stille“, äußere und innere Stille, ist eine der wichtigsten Bedingungen, welche die Qualität Ihres Trainingsprogramms und Ihres Lebens beeinflußt.

Also: Bevor Sie anfangen, Ihr gesamtes äußeres Leben umzukrempeln, bitte ich Sie, sich zunächst mit dem Rahmen zu beschäftigen und sich eine vernünftige Basis für Ihre Veränderungsarbeit zu schaffen. Ich lade Sie ein, sich mit folgender Frage zu beschäftigen:

Wie sollten Sie Ihr Training planen, damit Sie optimale innere und äußere Bedingungen zur Verfügung haben?

....

....

....

In Ergänzung zu Ihren eigenen Überlegungen möchte ich Ihnen noch einige Anregungen zur o.g. Frage mit auf den Weg geben.

4.1.1 Wie können Sie Ihr Training effektiv planen und durchführen?

Ein häufiger Fehler bei Veränderungsprozessen besteht darin, daß wir uns keinen Anfang und kein Ende setzen ... und dadurch nie genau festhalten können, was sich innerhalb eines bestimmten Zeitrahmens getan hat. Deshalb bitte ich Sie, einfach so zu tun, als ob Sie Anfang und Ende bestimmen könnten: **Planen Sie Ihre Gesamtzeit!**

Planen Sie den ersten Tag und den letzten Tag und fragen Sie sich, was Sie in dieser Zeit an Veränderungen erfahren möchten. – Fragen Sie sich weiterhin:

Wieviel Zeit möchte ich insgesamt für das gesamte Training aufwenden?

....

....

....

Dabei können Sie sich auch *inhaltliche Vorgaben* machen, indem Sie festlegen, daß Sie für eine

- Bestandsaufnahme (Kap. 4.2) 20% Ihrer Zeit erübrigen möchten, danach
- Visionen – Werte – Ziele (Kap. 4.3 und 4.4) in 40% Ihrer Zeit bearbeiten und schließlich für die
- Umsetzung Ihrer wichtigsten Ziele (Kap. 4.4) 40% Ihrer Zeit benötigen. [47]

Planen Sie Ihre täglichen bzw. wöchentlichen Trainingszeiten!
Fragen Sie sich:

Wieviel Zeit möchten Sie täglich bzw. wöchentlich für Ihr Selbsttraining aufwenden?[48]

....

....

....

Wann ist für Sie am Tage die günstigste Zeit, um Ihr Selbsttraining durchzuführen? Was müssen Sie tun, um sich diese Zeit freizuhalten?

....

....

....

Übung: Welche fünf Worte fallen Ihnen spontan ein, wenn Sie den Begriff „Planen“ hören?

1.
2.
3.
4.
5.

Ein Gedanke zum „Planen“: Ich habe die Beobachung gemacht, daß viele Menschen den Begriff „Planen“ emotional negativ besetzt haben. Sie assoziieren damit „verzichten“, „Freiheiten aufgeben“, „Zwang“ und ähnliche Begriffe. In der Regel haben diese Menschen dann auch keine große Freude am Planen.

Schauen Sie sich einmal Ihre Worte genauer an und fragen Sie sich, ob und inwieweit Ihre Assoziationen eher positiv oder negativ belegt sind. Wenn Sie eher negative Assoziationen haben, dann machen Sie sich diese bewußt und ändern deren Bedeutung, indem Sie sich z.B. fragen, was das Gute an dieser „negativen Assoziation“ ist. Positive Assoziationen können Sie weiter verstärken, um dadurch „noch mehr Energie und Freude“ am Planen zu wecken.

Ich habe „Planen“ für mich assoziiert

- mit „Spielen“ – weil es mir Spaß macht,
- mit „Flexibilität“ – weil es eine Herausforderung ist, zu probieren, ob es so geht, wie ich will,
- mit „Gewinn“ – weil ich erhalte, was ich mir wünsche,
- mit „Klarheit“ – weil ich mir einen Überblick verschaffe, um die Dinge zu erkennen, die mir wirklich wichtig sind, und
- mit „Leben“ – weil es mir darum geht, meine kostbare Lebenszeit sinnvoll auszufüllen.

Planen Sie schriftlich: Nutzen Sie ein Lernjournal!

Ich empfehle Ihnen, sich für die Dauer des Trainings ein Lernjournal (inhaltlich in Kapitel 4.1.2 beschrieben) zuzulegen, in welches Sie Ihre Übungen und Arbeitsanweisungen sowie die Ihnen wichtigen Fragen niederschreiben und schriftlich beantworten.[50]

Und: Investieren Sie in sich selbst Vertrauen!

Wie sicher sind Sie, daß Sie dieses Ausbildungsprogramm bis zum Schluß durchziehen werden? Wie beurteilen Sie Ihre Chancen?

0 Prozent — 50 Prozent — 100 Prozent

Weshalb ich danach frage? Nun, weil sämtliche getroffenen Regelungen nichts wert sind, wenn keine Vertrauensbasis vorhanden ist. Dies gilt im persönlichen Bereich genauso wie im zwischenmenschlichen Bereich. Dort gibt es Verhandlungen, etwa zwischen Betriebsrat und Geschäftsleitung oder zwischen Ehepartnern oder verfeindeten Nachbarn, bei denen die betroffenen Parteien ungeheuer viel Zeit, Energie und Geld darauf verwenden, „Regelungen zu schaffen, die die Menschen zwingen würden, so zu tun, als gäbe es tatsächlich eine Vertrauensgrundlage."[51]

Ich bin überzeugt davon, daß es keinen hieb- und stichfesten Vertrag gibt. Regelungen können immer irgendwie umgangen werden. Deshalb ist Vertrauen – und in Ihrem Fall Selbstvertrauen – das A und O jeglichen Erfolges. Deshalb ist mir so wichtig, daß Sie Ihre Selbstvertrauens-Energie aktivieren und sich selbst- und erfolgsbewußt verhalten!

Frage: **Was können Sie tun, um Ihr Selbstvertrauen zu steigern?**

....

....

....

Frage: **Sind Sie nunmehr dazu bereit, einen Ausbildungsvertrag mit sich selbst abzuschließen?**

....

....

....

Übung: Wenn es Ihr Wunsch ist, dann entwerfen Sie doch einen eigenen Vertrag, in welchem Sie Ihre Arbeitszeiten und Regeln festlegen...

Übung: ... und werfen Sie doch mit mir gemeinsam noch *einen kurzen Blick in die Zukunft* ... in die Zeit, wo Sie dieses kleine Ausbildungsprogramm abgeschlossen haben werden. Entwerfen Sie doch eine kleine Geschichte und notieren Sie, was in dieser gar nicht so fernen Zukunft sein wird, was genau Sie erleben werden ... und woran Sie erkennen werden, was „anders" ist als zu Beginn Ihres Programms.

4.1.2 Ein Lernjournal erstellen oder: Wie dokumentieren Sie eigentlich Ihre Veränderungen?

Ein Leben, welches es wert ist, gelebt zu werden, ist es auch wert, aufgezeichnet zu werden. Viele Menschen schreiben zu diesem Zweck Tagebücher. Und es gibt viele, die über eine sehr lange Zeit treu dabei bleiben, es gibt aber viel mehr, die es einmal versucht haben und irgendwann dann – aus welchen Gründen auch immer – aufgegeben haben.

Meiner Erfahrung nach sind dafür Art (Vorgehen) und Zielsetzung entscheidend gewesen.

Zur Zielsetzung: Viele Aufzeichnungen haben einen rückwärtsgerichteten Charakter und bestehen in Nacherzählungen des Tages- oder Wochenablaufs. Derartige Rückblicke sind sicherlich hilfreich und gewähren – aus ihrer Distanz – Einblicke in Zusammenhänge, die zum damaligen Zeitpunkt gar nicht so offensichtlich waren. Oft erweisen sich Nacherzählungen aber als mühsam, weil sie im gesteckten Rahmen der Ereignisse verweilen und das Lernpotential des gelebten Lebens (etwa mit dem Fokus: Was kann ich aus den Tages-, Wochenereignissen für mein zukünftiges Leben lernen?) nur sehr gering ausschöpfen.

Ein Lernjournal bietet hier eine wichtige Neuorientierung, indem durch Zielsetzung und Art der Aufzeichnungen ein starker Lernimpuls ausgelöst wird, ein Impuls, welcher aus den vergangenen Ereignissen die Elemente (Filetstücke) herauslöst, welche für zukünftige Projekte nützlich sind.

Wie kann dies ganz praktisch erfolgen? Nun, Sie wissen es im Grunde schon. Stellen Sie sich – wenn Sie den Tag Revue passieren lassen – gute (entwicklungsförderliche) Fragen wie z.B.:

- Was habe ich heute Neues kennengelernt?
- Wie habe ich mich heute konkret (in welche Richtung hin) verändert?
- Welche Person hat mich heute stark beeindruckt? Wen oder was sehe ich seit heute mit anderen Augen?
- Was hat mich heute eigentlich begeistert?
- Worauf bin ich heute besonders stolz?
- Welches Ereignis hat mich heute glücklich gemacht?
- .....
- .....

... und richten Sie in gleicher Weise auch Ihren Fokus auf das Besondere und Außergewöhnliche des noch vor Ihnen liegenden Tages, indem Sie die Fragen entsprechend umformulieren:

- Was werde ich heute wohl an Neuem kennenlernen?
- Wie werde ich (will ich mich) heute konkret verändern?
- Was wird mich heute voraussichtlich begeistern?
- Welche Person will ich heute mit anderen Augen (mit welchen?) ansehen?
- usw.

Das Ziel des Lernjournals besteht darin, den persönlichen Entwicklungsprozeß zu dokumentieren und damit Wachstumsimpulse zu setzen, von Zeit zu Zeit einen Rückblick auf Vergangenes und einen Vorgriff auf Zukünftiges zu unternehmen, um auf diese Weise Struktur, Konstanz und Führung ins eigene Leben zu bekommen.

Noch einige *Hinweise zur Art des Aufzeichnens:* Lassen Sie sich nicht auf die übliche Textform einschränken, sondern erlauben Sie sich, Ihre gestalterischen Fähigkeiten auszuleben. Brain-Maps, Bilder, Geschichten, Wortbilder usw. sind gleichermaßen gültige Aufzeichungen, welche Ihr Lernjournal entscheidend bereichern werden.[52]

Übung: Richten Sie sich ein Lernjournal ein! Entscheiden Sie sich, jede Woche unter einem bestimmten Fokus zu leben, indem Sie eine bestimmte Frage verfolgen!

4.1.3 Transfer

Was Sie nun explizit für Ihr Selbstmanagement durchgeführt haben, ist eine der Spezialitäten des NLP. Es handelt sich darum, das Augenmerk zunächst auf den Kontext und den Prozeß zu lenken und das Inhaltliche vorerst zurückzustellen. Dieses Prinzip ist gar nicht so selbstverständlich, wie Sie vielleicht annehmen.

- Wie viele Menschen begegnen sich, und einer beginnt sogleich, auf den anderen einzureden, obwohl der andere noch gar nicht zum Zuhören bereit ist ...
- Oder in Teamsitzungen wird sogleich mit dem Thema („Was ist unsere Aufgabe?") begonnen, bevor die einzelnen Mitglieder überhaupt miteinander warm geworden sind und sich auf ein gemeinsames Ziel geeinigt haben.
- Ist Ihnen schon mal aufgefallen, wie oft wir uns in Gesprächen auf das konzentrieren, was der andere sagt, hingegen aber stärker auf das reagieren, wie er es sagt? Auch hier wirkt die „Umrahmung" letztlich als entscheidendes Kriterium.

In der realen Welt würde kein Mensch seine Waren über einen Fluß transportieren, *bevor* die Brücke über einen Fluß fertiggestellt ist. In der Kommunikation scheint dies vielfach üblich zu sein – sicherlich einer der wichtigsten Gründe, weshalb so viele gutgemeinten Äußerungen im Fluß versinken, bevor sie vom anderen entgegengenommen werden können.

Dabei ist es oft sehr einfach: Wenn der Rahmen für eine Sache, ein Ereignis, ein Projekt etc. entsprechend ausgestaltet ist, dann laufen diese Vorhaben oft wie von selbst, weil dann jeder genau weiß, was er zu tun und zu lassen hat. Darum geht's.

4.2 Was ist zur Zeit „Ihr Thema"? – Führen Sie eine Bestandsaufnahme durch!

4.2.1 Wie im Großen – so auch im Kleinen: Was sollten Sie bei Ihrer Bestandsaufnahme beachten?

Wissen Sie schon, woran Sie arbeiten möchten?

Ich weiß nicht, woran Sie zur Zeit arbeiten möchten.

- Vielleicht sind Ihnen ganz konkrete Teile Ihrer Persönlichkeit, Ihres Verhaltens schon lange aufgefallen und ist Ihr Wunsch lebendig, an diese einmal konkret näher heranzugehen und daran zu arbeiten,
- möglicherweise wissen Sie aber gar nicht, was zur Zeit bei Ihnen „dran" ist. In Ihnen ist nur der Wunsch lebendig, etwas irgendwie zu ändern, aber Sie wissen gar nicht genau, wo genau Sie ansetzen sollten, um positive Veränderungen zu erreichen.

Ich möchte zunächst kurz den letzten Fall beleuchten: Dieser tritt häufiger auf, als man gemeinhin erwartet. Denn allzu oft hat man sich so tief in ein Projekt vergraben oder befindet sich mitten in einem Prozeß, oder die vielfach verwobenen Lebenszusammenhänge lassen zur Zeit keinen klaren Ausblick zu, kurz: man „weiß weder aus noch ein", man hat lediglich den Wunsch, etwas zu ändern. Wenn Sie sich in einer derartigen Situation befinden, dann ist es gut, zunächst Abstand davon zu bekommen, sich zu lösen, um einen Überblick zu erhalten.

Auch in der erstgenannten Situation ist es häufiger ratsam, sich zu prüfen, ob das, was man von sich „weiß", wirklich das ist, woran man arbeiten sollte. Einerseits ist es gut, genau zu wissen, was Sache ist; andererseits erlebe ich häufig, daß Vordergründiges leicht dazu verführt, sich von den eigentlichen Fragen abzulenken. Oder anders ausgedrückt: Es ist nicht gesagt, daß der Gegenstand, den man als ersten erreichen kann, auch wirklich der Gegenstand ist, mit dem man das gesamte System bewegen kann.

Mir ist die große Bedeutung des „richtigen" Abstands bei einer Bilderausstellung klar geworden: Ich besuchte damals in London eine Monet-

Ausstellung. Der riesengroße Andrang führte dazu, daß ich wie alle anderen gezwungen war, ganz nah an die Absperrung der Bilder heranzutreten, um überhaupt etwas erkennen zu können. Und in dieser Nahsicht erlebte ich eine große Enttäuschung, denn die Bilder dieses genialen Künstlers entpuppten sich als eine verwirrende Vielfalt von Farbklecksen, die gar nicht so eindrucksvoll schienen. So wanderte ich von Bild zu Bild und wartete auf die Erleuchtung, doch nichts geschah. Ermüdet setzte ich mich auf eine Bank. Und da passierte es: Ich konnte aus der größeren Entfernung einen Blick auf eines der Bilder werfen und war tief beeindruckt. Denn dieses Bild besaß eine überragende

Intensität und Leuchtkraft, die in der Nahdistanz verwirrende Farbvielfalt fügte sich im größeren Abstand zu einem Ganzen zusammen; ich erhielt einen kleinen Eindruck von der großartigen Fähigkeit dieses Künstlers ...

Wozu dient eine Bestandsaufnahme?

Der Wert einer Bestandsaufnahme liegt darin, die Elemente herauszufinden, mit deren Hilfe sich „das gesamte System bewegen läßt", mit deren Hilfe Sie Ihr gesamtes Leben, Ihre berufliche Entwicklung oder was auch immer Sie anstreben, verändern können. Die Bestandsaufnahme dient einer Materialsammlung und Materialsichtung. „Material" ist in diesem Sinne alles das, was Ihnen zu Ihrem Leben, zu Ihrer beruflichen Entwicklung etc. einfällt und was Sie sich notieren.

Wie umfangreich sollte Ihre Bestandsaufnahme sein?
Bitte achten Sie darauf, daß Sie Ihre Bestandsaufnahme zeitlich begrenzen. Weshalb? Nun, die Bestandsaufnahme entspricht weitgehend dem Problemrahmen einer Situation. Viele Menschen (und auch Arbeitsgruppen) tendieren dazu, dem Problem bzw. der Problembeschreibung unverhältnismäßig viel Zeit zu schenken, und kommen dadurch regelmäßig in arge Zeitnot, wenn es schließlich um die Erarbeitung kreativer und konstruktiver Lösungen gehen soll. Das NLP versteht sich aber als ein lösungs- und wachstumsorientiertes Konzept. Und dies soll in der allgemeinen Zeitverwendung schon zum Ausdruck kommen. Deshalb gilt für den Problemrahmen und die Bestandsaufnahme:

Fassen Sie sich kurz!
Werden Sie so schnell wie möglich konkret!
Kommen Sie direkt auf den Punkt zu sprechen![53]

Wie wird die Bestandsaufnahme vorgenommen?
Es gibt viele Möglichkeiten, um in seinem Leben „Bilanz" zu ziehen. Ich möchte Ihnen im folgenden eine Möglichkeit vorstellen, die auf einer Reihe von Fragen gründet. Mit deren Hilfe können Sie aus verschiedenen Perspektiven Ihr gegenwärtiges Leben, Ihre berufliche und persönliche und soziale Entwicklung, beleuchten.

Möglicherweise wird Sie die Art der Fragestellungen verwundern, denn es handelt sich dabei um *„systemische Fragen"*, d.h. um Fragen, die sich an der Klärung von Wachstumsprozessen interessiert zeigen.

Und *seien Sie bitte neugierig auf die Antworten*, die Ihnen kommen werden: Denn als Antworten auf diese Fragen können nicht nur Worte auftauchen, sondern auch Gedankenfragmente, Assoziationen, Bilder, Gefühle, alte Erinnerungen, weiterführende Fragen und vieles mehr. Ich bitte Sie, besonders diese Art von Antworten zu würdigen. Denn Sie enthalten oftmals weitaus mehr Energie und Kraft als die herkömmlichen Wort-Antworten.

4.2.2 Systemische Fragen zur persönlichen Entwicklung

Hier sind nun die verschiedenen Fragen:

1. **Was ist bei Ihnen zur Zeit aktuell (Thema)?**
   ... in Ihrem Leben?
   ... in Ihrer Karriere, in Ihrem Beruf?
   ... in Ihren sozialen Beziehungen?
   ... in ...?

....

....

....

2. **Wie gehen Sie zur Zeit mit Ihren Ressourcen um?**
   ... mit Ihrer Zeit?
   ... mit Ihren Kräften und Nerven?
   ... mit Ihrem Organismus?
   ... mit Ihren besonderen Fähigkeiten?
   ... mit Ihrem Umfeld?
   ... mit Ihren Mitmenschen?

....

....

....

3. **Wo kommen Sie gerade her?**
   Wo stehen Sie zur Zeit?
   Wo wollen Sie eigentlich hin?

....

....

....

4. Womit verbringen Sie zur Zeit die meiste Zeit?
Wer oder was beschäftigt Sie zur Zeit am meisten?

....

....

....

5. Wer oder was kostet Sie zur Zeit die meiste Energie?
Woher beziehen Sie zur Zeit Ihre Energie?

....

....

....

6. Wo (in welchen Bereichen Ihres Lebens) erfahren Sie zur Zeit die größten Umwälzungen?
Wo (in welchen Bereichen) befinden Sie sich gerade in ruhigen Gewässern?

....

....

....

7. Wo stehen Sie vor Mauern und sehen keine Möglichkeit des Fortschritts?
Wo wünschen Sie sich in Ihrem Fortschreiten feste Orientierungspunkte?

....

....

....

8. **Wo zeichnen sich in Ihrem Leben gerade Neuanfänge ab?
Wo liegt der Ursprung, die Keimzelle für das Neue?
Wo befinden Sie sich schon konkret in der Startphase eines Prozesses?
Wo befinden Sie sich mitten drin in einem Prozeß?
Wo läuft ein Prozeß aus? – Woran genau erkennen Sie dies?
Wo sollten Sie längst schon einen Prozeß beendet haben, haben aber bisher noch nicht den Mut dazu gefunden?**

....

....

....

4.2.3 Transfer

„Ihr müßt wissen, daß jede Antwort Begrenzung bedeutet. Die Wahrheit ist ständig im Fluß und entzieht sich jeder Erklärung. Darum ist es besser, mit einer Frage entlassen zu werden, als eine Antwort zu erhalten. Ich kann ... einige Hinweise geben, aber dann ist es an Dir, selber über diese Dinge nachzudenken." – R. Field

Wenn Sie Ihre Bestandsaufnahme genauer unter die Lupe nehmen, was ist bei Ihnen stärker vertreten: die Gegenwart oder die Vergangenheit, also das, was ist, oder das, was war? Und wieviel Prozent Ihrer Bestandsaufnahme sind schon zukünftigen Entwicklungen gewidmet?

Sie meinen, das gehört nicht hierhin? Ich denke doch, denn die Zukunft ist gleichermaßen Bestandteil meiner Gegenwart wie die Vergangenheit. Ja, Anthony Robbins, ein NLP-Trainer, betont ständig, daß die Zukunft ein anderes Gewicht habe als die Vergangenheit. Sie sei weitaus gewichtiger und bedeutender. Und deshalb sollten wir alle Anstrengungen darauf konzentrieren, unsere Zukunft zu gestalten.

Und es ist unsere Entscheidung, worauf wir uns dabei konzentrieren (fokussieren): Wenn wir uns auf unsere Vergangenheit konzentrieren, dann werden wir in der Gegenwart nichts mehr bewegen können. Wenn wir uns hingegen auf unsere Zukunft konzentrieren, dann werden wir in der Gegenwart ansetzen können, um das zu realisieren, was wir uns wünschen. Darum geht's!

Mit der Bestandsaufnahme habe ich Sie dort abholen wollen, wo Sie sich möglicherweise befinden. Als Autor muß ich mich hier ja auf meine Intuition und meine Erfahrungen aus vielen Kontakten mit Menschen verlassen. Und da erlebe ich es, daß die meisten Menschen mit ihrer „Vergangenheitsbewältigung" beschäftigt sind und nicht mit ihrer „Zukunftsgestaltung".

Das NLP ist aber an Veränderungen interessiert. NLP möchte die vorhandenen Energien bündeln und wirksam einsetzen. Und Veränderungen können nur in der Gegenwart ansetzen und in die Zukunft hineinwirken. Deshalb genügt es eben nicht, nur eine Bestandsaufnahme durchzuführen, die in die Vergangenheit gerichtet ist. Aus dieser Perspektive gehört der nächste Abschnitt unmittelbar zur Bestandsaufnahme hinzu: Es handelt sich um einen Sprung in die Zukunft!

4.3 Was trauen Sie sich zu? – Entwickeln Sie Visionen für Ihr Leben!

4.3.1 Von der Vision zum Ziel: Wie lautet Ihre persönliche Lebensaussage (Vision)?

Will ich Visionen? – Bin ich bereit und offen für Visionen?

„Greif nach den Sternen – gib acht auf die Straße!"

S. J. Lec

Dieses Wort beschreibt den Spannungsbogen, in welchem wir leben. Zum einen sehnt sich jeder Mensch danach, einmal in seinem Leben „nach den Sternen zu greifen" und diesen nachzufolgen, zum anderen sind es die tagtäglichen kleinen Unebenheiten unseres Lebensweges, die zuweilen unsere volle Aufmerksamkeit verlangen.

Die vielen, vielen Unebenheiten ...,

- manche lassen sich von der Angst auffressen, nur ja nicht zu stolpern oder gar hinzufallen ... und vergessen darüber dann „ihren" Stern, ihre Träume und Visionen;

- manche würden ja gerne ihre Sterne erreichen wollen, haben es aber nicht gelernt, ihre Hand danach auszustrecken ... und so bleibt Ihnen „ihr" Stern unerreichbar fern;
- manchen wird von anderen gesagt, daß es keine Sterne gäbe ... und da sie diesen anderen glauben, gehen sie blind an „ihrem" Stern vorüber, selbst wenn er ihnen ganz nah ist;
- manche wollen nicht „ihren" Stern, sondern viele Sterne (gleichzeitig) erreichen und greifen jeweils nach dem Stern, der ihnen zufällig gerade nahe ist ... und stehen schließlich gleichfalls mit leeren Händen da;
- und manche sind nicht mit brennenden Herzen bei ihrer Sternsuche und ... halten schließlich nur einige Trostpreise, aber nicht „ihren" Stern in Händen!

Der Schritt „von der Vision zum Ziel" ist für mich der anspruchsvollste Schritt der gesamten Veränderungsstrategie, weil hier Neuland betreten wird, noch unerforschtes Gebiet, welches Schritt für Schritt erkundet werden muß. Visionen sind ja gerade das Außerordentliche, Ungewöhnliche, welches in den Alltag unerwartet hineinbricht und diesen umzukrempeln vermag und ... eine Neuorientierung bewirkt.

Beim Schreiben dieser Zeilen drängen sich mir unwillkürlich verschiedene Fragen auf:

Will ich das überhaupt? Möchte ich überhaupt eine Vision haben?

... und weiter zugespitzt:

Traue ich mir überhaupt Visionen zu?

... und weiter:

Was bin ich bereit, zu tun für meine Visionen?

... und:

Was bin ich bereit, zu lassen für meine Visionen?

... und:

Was bin ich nicht bereit, zu tun für meine Visionen?

... und:

Was bin ich nicht bereit, zu lassen für meine Visionen?

Was bewirken Visionen?

Visionen sorgen dafür, daß *ein Rahmen (ein Kontext) geschaffen* wird für mein zukünftiges Handeln. Die darin enthaltenen Gestaltungsmöglichkeiten sollen bewirken, daß ich dann genau so leben und wirken kann, wie ich es möchte. Visionen entwickeln eine besondere Kraft, die Menschen „freiwillig“ in ihren Bann zu ziehen vermag. Sie bilden einen „roten Faden“, der sich durch das Denken und Handeln von Menschen zieht. Wie dies möglich ist, sei an einem Beispiel erläutert:

> Kennedy hat am 25. Mai 1961 für ganz Amerika – wie aus dem Nichts – einen Kontext geschaffen, als er dem amerikanischen Kongreß folgende Vision vorschlug:
>
> „Unsere Nation sollte sich dem Ziel verpflichten, daß noch vor dem Ende dieses Jahrzehnts ein Mensch auf dem Mond landen und wieder sicher zur Erde zurückkehren wird.“
>
> Sein Kontext „einen Menschen auf den Mond bringen“ hat dafür gesorgt, daß die Raumfahrt von einer lediglich guten Idee, die bisher trotz beachtlicher Versuche keinen großen Erfolg gehabt hatte, deren Durchführbarkeit immer angezweifelt worden war, die immer umstritten war und viel diskutiert wurde, zu einer Idee umgewandelt wurde, deren Zeit nun gekommen war. ...

Selbstverständlich sind durch diesen visionären Rahmen „ein Mensch auf dem Mond in zehn Jahren“ nachweislich auch viele Zyniker und Skeptiker auf den Plan gerufen worden, darunter auch renommierte Gegner der Raumfahrt. Aber diese Kritiker haben allesamt innerhalb des Kennedy-Kontextes argumentiert, d.h. sie haben die Sache mit dem Mond als nicht machbar dargestellt, sie haben aber keinen anderen Kontext angeboten, der die Energien hätte ablenken können. Insofern haben sie genau das Gegenteil von dem erreicht, was sie beabsichtigt hatten: Sie haben das Ziel „ein Mensch auf dem Mond in zehn Jahren“ im Grunde immer mehr gestärkt und dadurch immer mehr in die Zone der Ziel-Erreichung geschoben. Der neue Kontext erschuf so seine eigene Energie.[54]

Ähnlich wie verschiedene Menschen mit unterschiedlichen Ansichten, Kritiker und Befürworter, in einen Kontext eingebunden werden können, so kann ich meine persönliche Vision entwickeln und durch die Gestaltungskraft meiner Vision *mit mir eins werden* über die Aufgaben und Ziele, die ich in meinem Leben verwirklichen möchte. Darum geht's!

Kann man lernen, visionär zu denken und zu leben?

Der persönliche Entwicklungsprozeß von einer Vision zu konkreten Handlungszielen ist wie ein Sprung ins Wasser; die Vision ist der Sprung aus bekanntem Gelände in ein anderes Gebiet – sobald ich mich im Wasser befinde, kann ich wieder aktiv werden und versuchen, mich in diesem neuen Gebiet mit meinen Fähigkeiten, Fertigkeiten und Ressourcen zurechtzufinden.

Ist das möglich, Visionen „auf Befehl“ zu haben? – Ja und nein.

Ja, man kann etwas tun für seine Visionen, indem man sich bewußt mit seinen Träumen, Zielen, Wünschen, Ideen und Idealen auseinandersetzt. Dadurch erhält man Klarheit darüber, was man wirklich will in seinem Leben. Denn Visionen sind zu 10% Genie, Intuition, Eingebung und zu 90% aktive Auseinandersetzung. Und um diese aktive Art von Arbeit wird man selten herumkommen.

Nein, denn Visionen werden nicht „gemacht“, sondern werden „gesät“ und „reifen“ dann in ihrer Zeit heran. Denn Visionen unterliegen natürlichen

Prozessen. Visionen sind Geschenke. Ich kann mich eingehend mit ihnen befassen, aber ich habe nur einen bedingten Einfluß darauf, ob ich auch eine Vision, ein Geschenk erhalte. Was wir aber „hier und jetzt" tun können, ist säen ... und den Boden bereiten für unsere ureigene Vision.

Säen, das heißt für mich

- sich besinnen auf die eigenen wesentlichen Lebensprinzipien (wie gehe ich mit anderen um, wie mit mir selbst?),
- ferner die Sprache des Herzens (nicht des Verstandes, der Argumentation, ...) ergründen,
- schließlich gute Fragen und sorgfältig abgewogene Antworten erarbeiten und
- zuletzt ... geduldig und aufmerksam warten, bis die Zeit reif ist.

Jeder Mensch hat in seinem Leben mehrere Gelegenheiten zu einer Vision. Doch viele greifen diese Gelegenheiten gar nicht auf und laufen achtlos an den Dingen vorbei, die ihnen im tiefsten Inneren wichtig sind. Sie erringen – wie Covey es ausdrückt – „leere Siege": „Sie erreichen Erfolge auf Kosten von Dingen, von denen sie plötzlich merken, daß sie ihnen wichtig waren. Menschen aus allen Lebensbereichen ... mühen sich häufig um ein höheres Einkommen, mehr Anerkennung oder einen bestimmten Grad von professioneller Kompetenz, nur um festzustellen, daß ihr Drang, das Ziel zu erreichen, sie für die Dinge blind gemacht hat, auf die es wirklich ankam und die nun verschwunden sind. Wie anders unser Leben doch ist, wenn wir wirklich wissen, was uns im Innersten wichtig ist. Und wenn wir dieses Bild vor Augen haben, schaffen wir es jeden Tag wieder, das zu sein und zu tun, worauf es wirklich ankommt."[56]

Ich möchte im folgenden dieses „Ja" und „Nein" noch näher erläutern. Ich beginne mit dem „Nein" zu Visionen auf Befehl.

Wer entwirft eigentlich die Visionen in unserer Zeit?

Es ist in unserer Gesellschaft modern, von Visionen zu sprechen und für Unternehmen oder andere Organisationen Visionen zu entwerfen. Schaut man sich viele dieser Visionen aber näher an, dann entpuppen sich nicht wenige Visionen als mehr oder weniger geschickte Manipulationsversuche. Man bemüht eine „Visions-Technologie", um Menschen in gewisse Bahnen zu zwingen.

Mein Eindruck: Wir ziehen Visionen herab ins Alltägliche, ins Machbare, weil wir es selbst nicht ertragen können, keine Vision zu haben. Doch ist dies der richtige Umgang mit Visionen?

Die Gefahr der Manipulation ist dann gegenwärtig, wenn Visionen nicht mehr aus dem Herzen stammen, sondern vom Verstand „gemacht" werden, wenn bestimmte mentale Techniken mit dem Ziel trainiert werden, Visionen zu erzeugen, und wenn bestimmte Personen „kraft ihres Amtes oder ihrer beruflichen Stellung" für andere Visionen entwerfen.

„Die Vision, (...) der globale Vorschlag schlechthin, der strategische Wurf im rechten Moment, der geniale Einfall des (...) Pionierunternehmers hat im Gefolge der Literatur und der Praxis zum strategischen Management seinen Namen gefunden.

Der gute Einfall des Mitarbeiters fällt nicht unter ‚Visionen', sondern – sofern er nicht überhaupt als selbstverständliche Aufgabenerfüllung angesehen wird – seines tatsächlich oder vermeintlich begrenzten Charakters wegen unter die Rubrik ‚betriebliches Vorschlagswesen'."[57]

Objekte der Begierde und damit auch Gegenstand dieser Art von Visionen (Träumen) sind Vermögen, Werte, Besitztümer, außergewöhnliche Produkte, Marktanteile, ökonomisches Streben nach Überlegenheit etc. Und diese Visionen werden „von oben", von den Machern, von den Mächtigen, von den Führern, von den Unternehmern „gemacht", der Angestellte und Arbeiter mag sie dann verwirklichen (?!?).

Das hier angesprochene „Visionsmanagement" – der Versuch, den irrationalen Rest (die 10%) jeglicher Führungsentscheidung in den Griff zu bekommen – ist nicht der Weg, den ich meine. Sicherlich, konkrete materielle Besitztümer (Auto, Geld, Haus) oder auch ein interessanter Beruf oder bestimmte soziale Beziehungen (mit diesem Mann, mit jenem Mädchen, Freundschaften, Partnerschaft, Kinder) können Bestandteil[58] von Visionen sein, aber sie sind auf keinen Fall der „Motor" von Visionen.

Als Motoren eignen sich angestrebte Zustände wie Freiheit, Glück, Liebe, Freude, Frieden etc.. Doch diese Zustände werden niemals endgültig erreicht („als Gut besessen") werden können, es sind vielmehr Prozeßbestandteile, die ständig einer Erneuerung bedürfen: Auch wenn ich Frieden habe, muß ich mich weiterhin um Frieden bemühen; das Glück, das mir in den Schoß gefallen ist, muß bewahrt und gehütet werden wie ein Schatz; und auch Freiheit und Liebe sind stetig zu erneuern und zu bestätigen.

Visionen haben vieles mit Sternen gemeinsam; Sterne sind nichts Greifbares, Sternen folgt man nach, denn sie weisen einem den Weg! Am Ende eines Weges wird man dann erkennen, ob dieses Nachfolgen sich gelohnt hat.

Oder wie Covey die Grenzen der Einflußnahme auf Menschen ausdrückt: „Man kann die Hand eines Menschen kaufen, aber nicht sein Herz. In seinem Herzen aber sitzen sein Enthusiasmus und seine Loyalität. Man kann seinen Rücken kaufen, aber nicht sein Gehirn. Dort sitzen seine Kreativität, sein Einfallsreichtum und seine geistige Beweglichkeit."[59]

Will man demnach „Herz und Gehirn" eines Menschen gewinnen, kann man dies nur, indem man ihn als gleichwertig anerkennt. Ihn als gleichwertig anzuerkennen bedeutet aber, ihm die Freiheit zum Ja- und Nein-Sagen zu geben und ihm die Freiheit zu gewähren, seine eigenen Visionen zu haben und diese auszudrücken.

Doch nun zum zweiten Ast, zu einer Haltung, welche Visionen möglich macht, zum „Ja" der visionären Lebenseinstellung.

Welchen Lebensprinzipien folge ich?

Vielleicht hat Ihnen die Bestandsaufnahme schon einige Hinweise gegeben, was *Grundprinzipien Ihres Lebens* sind bzw. sein könnten und wie diese Prinzipien in Ihrer persönlichen Vision ihren Ausdruck finden (könnten). Ich möchte Ihnen vorschlagen, diesen Prinzipien noch eine Zeitlang nachzuspüren ... (und die Suche nach diesen auch über das Training hinausgehend mit „brennendem Herzen" fortzusetzen!).

Visionen beschreiben, nach welchen Prinzipien (Leitlinien)[60] ich mein Leben gestalten möchte, *wie ich mit mir und anderen im Laufe meines Lebens umgehen möchte*, z.B.:

- wie „fair", wie „integer" und „ehrlich" ich mich in Situationen verhalte,
- wie ich die „Würde" eines anderen Menschen und mich selbst achte, wie ich meine eigene „Würde" respektiere,
- wie ich Verantwortung übernehme und zum „Dienen" stehe,
- wie ich „Qualität" und „Spitzenleistungen" achte und anstrebe,
- wie ich mit Prozessen des „Wachstums" und „Wandels" im Laufe meines Lebens umgehe.[61]

Wie gut kenne ich die Sprache meines Herzens?

Visionen bedienen sich einer besonderen Sprache, sie möchten Bewegungen und Veränderungen bewirken:

- sie sprechen vornehmlich die Sprache der rechten Hirnhemisphäre,
- sie sind an Ganzheit, aber nicht an Genauigkeit interessiert,
- sie holen die Menschen dort ab, wo sie sind, sie rufen bei diesen Emotionen, Betroffenheit hervor,
- sie wecken Assoziationen, möchten aber keine Diskussionen über sich selbst entzünden,
- sie möchten einfach so (an-)genommen werden, wie sie sind;

Visionen sprechen davon, was sein wird. Sie sprechen in Metaphern und Analogien, in Geschichten und Anekdoten, in Träumen, in Wortbildern, gemalten Bildern, in Poesie und Humor und in vielen anderen Gestalten.

Wie müssen Sie fragen, um „das Beste“ aus sich herauszuholen?

Wenn die Frage Ihr Leben betrifft, dann ist es ratsam, diese Frage auch mit Ihrem ganzen Wesen, mit Körper, Seele und Geist zu stellen. Dann genügt es nicht, nur bei dem Klang der Worte zu bleiben, sondern dann sollten Sie sich Fragen „anschaulich“ vor Augen stellen und sie in Ihren Körper hineindringen lassen, damit sie dort verharren, wo es in Ihnen nicht weitergeht, und da sich ausbreiten können, wo Ihre Energie sich ausbreiten kann. Viele meinen, Fragen könne man nur mit Worten stellen und mit Worten beantworten. Dabei gibt es viele Ausdrucksmöglichkeiten, die weit über unsere Worte hinausreichen. L.A. Huxley gibt einige Anregungen für diese besondere Kunst des Fragenstellens:

- „Stell Dir vor, Du wärst allein in den Bergen. Wirf Deine Frage in den Himmel hinauf und lausche auf das Echo, das von den Felsen zu Dir zurückhallt.
- Schreibe Deine Frage auf verschiedene Zettel und laß die Zettel herumliegen, damit sie Dir zu verschiedenen Zeiten in die Finger kommen, ob Du nun damit rechnest oder nicht.
- Stell Deine Frage als erstes morgens nach dem Erwachen oder wenn Du Dich tagsüber ausruhst oder in den Tag hineinträumst.

- Stelle sie im Rhythmus einer Melodie, wenn Du Deine Muskeln betätigst, wenn Du z.B. spazierengehst, trainierst, Eier schaumig schlägst, saubermachst (– doch nicht beim Autofahren!).
- Du hast bestimmt schon einmal ein Feuerwerk gesehen, bei dem die Raketen überall leuchtende Farben an den unendlich dunklen Himmel malten. Bis zu seinem gewissen Grad sind wir selbst wie der dunkle Himmel, geheimnisvoll und unerkannt. Laß die Frage zerbersten wie eine Feuerwerksrakete und den noch unerforschten Teil des Universums in dir erhellen und ausholen.
- Richte sie an verschiedene Körperteile; befrage Deine Zehen, Deine Wirbelsäule, Deinen Hals. Frage Deine Augen, Deine Beine, Deine Geschlechtsorgane usw. Jeder Gedanke und jedes Gefühl findet auch irgendwo in unserem Körper statt.“[62]

Es ist eine Gnade, sich auf die Suche nach guten Fragen zu begeben und persönliche Visionen wachsen zu lassen. Und wenn Sie eine Frage formuliert und gestellt haben, dann gilt es, auf die Antwort zu lauschen; aber bitte jagen Sie der Antwort nicht nach, denn dadurch stoßen Sie die Antwort nur von sich weg.

Das ist eine Kunst, gleichzeitig zu fragen und zu lauschen, in dem Vertrauen und der guten Überzeugung, daß die Antwort in einer guten Frage schon enthalten ist.[63]

Und schließlich gilt es, mit einer Frage „schwanger“ zu gehen, bis schließlich eine Antwort „geboren“ wird:[64]

> Ich nehme mir eine wichtige Frage und lege sie mir eine Woche lang vor. Ich trage sie mit mir herum, in meinem Intellekt, in meinen Muskeln, in meinem Körper, in meinen Begegnungen mit anderen Menschen, ich stelle sie kurz vor dem Einschlafen und erinnere mich an sie nach dem Aufstehen...;
> in dieser Zeit werden Antworten kommen, manche klar und eindeutig, so daß ich sogleich nach ihnen handeln kann, andere verschwommen, unklar und schemenhaft – ich prüfe sie mit meinen Gefühlen, versuche, ihre Bedeutung für mein Leben zu ergründen ...;

schließlich höre ich auf, sie mir bewußt zu stellen. Ich lasse sie langsam in mein Unterbewußtsein hinabsinken und so lange in mir widerhallen, bis sich eine Antwort aus meinem wahren Selbst einstellt...

Dies sind wesentliche Bestandteile von Visionen, denn Visionen sind Herzenssache. Und Visionen sind eine ganz persönliche Angelegenheit. Ich möchte Sie eindringlich bitten, Ihre eigenen Visionen zu entwerfen ... bevor es ein anderer für Sie tut!!!

4.3.2 Transfer: Von der Vision zum Ziel

Der Sprung von der Vision zum Ziel ist ein gewaltiger Satz. Es geht darum, das, was Sie in sich selbst als persönliches Lebensziel entdeckt haben, oder die Zusammenhänge, denen Sie sich als zugehörig fühlen, in konkrete Handlungen umzusetzen. Ging es auf den letzten Seiten um die Frage, wie Sie fragen müssen, um „das Beste" zu entdecken, so geht es in diesem Abschnitt darum, herauszuspüren, wonach Sie fragen müssen, d.h., was konkret die Elemente sind, welche Ihre Vision mit alltäglichen Handlungen verknüpfen.

Robert Dilts hat zu diesem Zweck ein systemisches Lernmodell von Gregory Bateson aufgegriffen und daraus ein Konzept entwickelt, in welchem die verschiedenen Handlungsebenen eingebunden sind: Es handelt sich um das sog. *Modell der Neurologischen Ebenen*. In diesem Modellrahmen sind sämtliche Veränderungen berücksichtigt, denen Sie in Ihrem Leben begegnen.

Die einzelnen Ebenen der Veränderung sind im Überblick:

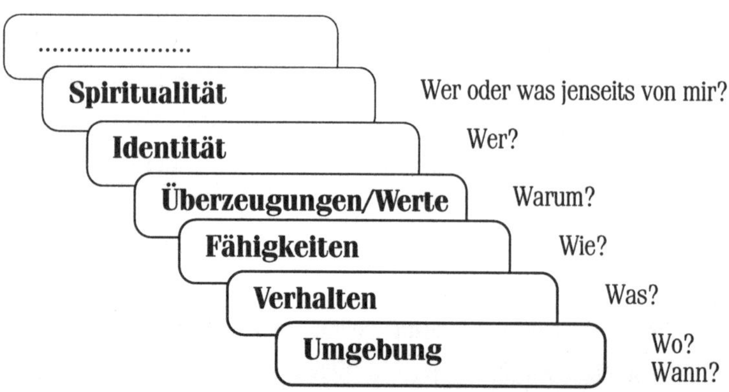

Ich möchte Ihnen im folgenden eine Übung anbieten, die Sie auf verschiedene Kontexte, z.B. auf Ihren beruflichen Kontext, anwenden können. Diese Übung ist am elegantesten als Partner- bzw. Dreierübung (Personen A, B und C) durchzuführen, weil Sie als Übender dadurch viel Unterstützung und Feedback erhalten können. Im Rahmen dieses Buches habe ich die Übung so modifiziert, daß Sie sie auch ganz allein durchführen können.

Äußere Vorbereitung:	Stellen Sie sicher, ■ daß Sie etwa eine Stunde lang ungestört sind, ■ daß Sie ferner sechs Blatt festes Papier und einen Stift oder ein Diktiergerät zur Verfügung haben, um Ihre Gedanken an den einzelnen Stationen Ihrer Reise notieren zu können. Sie können auch schon die einzelnen Blätter den sechs Ebenen entsprechend beschriften.
Innere Vorbereitung:	Markieren Sie Ihren Ausgangspunkt und stellen Sie sicher, daß Sie genügend Platz für diese Veränderungsarbeit haben ...; schauen Sie sich noch einmal um und vergewissern Sie sich, daß Ihre Übungsumgebung zu Ihrer persönlichen Zufriedenheit gestaltet ist.
1. Ihre Arbeitsumgebung: ■ „Wo (an welchem Ort) und wann (in welchem Zeitraum) verrichten Sie Ihre Arbeit?“	Nun treten Sie in den Bereich, der Ihre Umgebung markiert. Schließen Sie – wenn Sie wollen – Ihre Augen und beschreiben Sie Ihren Weg zur Arbeit, Ihr Ankommen dort und die Umgebung, in der Sie arbeiten (Möbel, Bilder, Farben, Geräusche, Personen, Stimmungen,...). Schreiben Sie sich Stichworte auf oder sprechen Sie Ihre Gedanken auf Band.
2. Ihr Verhalten: ■ „Was genau tun Sie in Ihrer Arbeitsumgebung in der Ihnen zur Verfügung stehenden Zeit?“	Machen Sie einen Schritt nach vorn in den Bereich „Verhalten“ ... und beschreiben Sie Ihre Tätigkeiten, Ihre alltäglichen Tätigkeiten und Ihre besonderen Momente, Ihre Erfolge und Ihre schwierigen Zeiten, denken Sie an die Rhythmen, denen Sie unterliegen, an das, was Ihnen leicht und was Ihnen schwer fällt, ...

3. Ihre Fähigkeiten: ■ „Wie führen Sie Ihre Arbeit aus?" ■ „Über welche besonderen Fähigkeiten verfügen Sie, um die vorgenannten Tätigkeiten in Ihrer Umgebung und in dieser Zeit erfolgreich zu absolvieren?"	Gehen Sie weiter zum Bereich „Fähigkeiten" ... und besinnen Sie sich auf Ihre Fähigkeiten, die Sie benötigen, um Ihre Arbeit erfolgreich zu absolvieren. Lassen Sie sich dabei einen Augenblick Zeit und erfreuen sich an jeder Fähigkeit, die Ihnen – wie selbstverständlich – zur Verfügung steht.
4. Ihre Werte und Überzeugungen: ■ „Wozu nutzen Sie diese besonderen Fähigkeiten, die es Ihnen ermöglichen, Ihre Arbeit zu verrichten?" ■ „Was, welche Werte und Überzeugungen möchten Sie mit diesen Fähigkeiten realisieren?" ■ „Welche Werte und Überzeugungen sind Ihnen besonders wichtig im Rahmen Ihrer Arbeit?"	Nun zum Bereich „Werte und Überzeugungen" ... und besinnen sich Ihrer besonders wichtigen „Eck-Werte", welche Ihren Arbeitsstil und Ihr Arbeitsverhalten prägen.
5. Ihre Identität: ■ „Wer sind Sie in Ihrer beruflichen Funktion als ...?" ■ „Wie sind Sie durch Ihre berufliche Funktion das geworden, was Sie sind?" ■ „Was sagt Ihr Beruf über Sie als Person, als Mensch aus?"	Verfahren Sie so wie auf den vorherigen Ebenen.
6. Ihre Spiritualität / Ihr persönlicher Glaube an...: ■ „Was ist Ihre persönliche Mission?"	Verfahren Sie so wie auf den vorherigen Ebenen.

<table>
<tr><td>■ „Was ist größer als Sie?“
■ „Worin sind Sie als Teil eines größeren Ganzen eingebunden?“</td><td></td></tr>
<tr><td colspan="2">Soweit es Ihnen möglich ist, nehmen Sie Ihren gegenwärtigen Zustand genau wahr, Ihre Körperhaltung, Ihre Gefühle, Ihre weiteren sinnlichen Eindrücke, und gehen Sie mit dem Bewußtsein Ihrer Mission und Ihrer persönlichen Vision Schritt für Schritt wieder zurück in die untergeordneten Bereiche Identität, Werte/Überzeugungen, Fähigkeiten, Verhalten und Umgebung ...</td></tr>
<tr><td>6. Fragen Sie sich auf jeder Ebene:
■ „Möchte ich meine schon gefundenen Antworten bekräftigen und/oder ergänzen?“</td><td>Gehen Sie Schritt für Schritt wieder zurück, bis Sie wieder auf der Ebene „Umgebung“ angelangt sind.</td></tr>
</table>

Zum Abschluß dieser Übung treten Sie aus Ihrem Übungsraum heraus und tun zunächst etwas völlig anderes, bereiten Sie sich eine Tasse Kaffee, führen Sie ein Telefongespräch oder lauschen Sie einem Musikstück. **Gewinnen Sie auf jeden Fall erst einmal Abstand**, lassen Sie mindestens eine Stunde verstreichen, bevor Sie sich wieder mit dem beschäftigen, was Sie in dieser Übung aufgeschrieben oder auf Band gesprochen haben.

4.4 Was möchten Sie in Ihrem Leben realisieren? – Stellen Sie doch Ihre Ziele einmal auf den Prüfstand

4.4.1 Ziele ... und das ist noch nicht alles, was Menschen antreibt

Ziele markieren Etappen auf Ihrem Lebensweg, sie sind integrale Bestandteile von Visionen. Ziele drücken aus, *was genau* Sie in Ihrem Leben erreichen, realisieren möchten.

Bevor ich das Neurolinguistische Programmieren kennenlernte, hatte ich auch schon mit Zielen gearbeitet. Immerhin ist die Lernzielanalyse[65] ein zentraler Bestandteil des pädagogischen Studiums, das ich absolviert hatte. Was ich aber bei diesen Konzepten vermißt habe, sind die subjektiven Bestandteile von

Zielen, z.B. die Tatsache, daß mit jedem Ziel sogleich auch Wertvorstellungen, Glaubenssätze – ja ganze Glaubenssysteme –, Denkprogramme etc. aktiviert werden, die den Prozeß der Zielerreichung ganz erheblich beeinflussen. Diese subjektive Seite von Zielen wurde und wird auch heute noch in den traditionellen Zielkonzepten fast vollständig ausgeblendet. Und dieses Ausblenden erklärt mir auch die recht geringe Wirksamkeit derartiger Konzepte.

Diese subjektive Seite kommt nur implizit in den sog. Motivationstheorien zum Ausdruck. Der traditionelle Motivationsbegriff ist aber meiner Ansicht nach viel zu eng gefaßt und zu ungenau, um wirklich Licht in das Dunkel zu bringen, weshalb Menschen dies oder jenes anstreben. Denn es wird nur beschrieben, daß irgendetwas einen Menschen antreibt – und das wird Motivation genannt. Im Dunkeln verborgen bleibt aber, wie die Strukturen dieses Antriebs beschaffen sind.

Zwei Beispiele[66] mögen diese These bestätigen: Die „Stufe der Motivation" gilt im Rahmen von Lernprozessen als die erste Stufe, die zunächst durchlaufen werden muß.

- Nach Werner Correll wird der Lernende auf dieser Stufe mit einer Schwierigkeit konfrontiert, die eine Spannung zwischen bisherigen Einstellungen und dem Neuen, Unbekannten entstehen läßt. Diesen Spannungszustand zu lösen, um die Schwierigkeit zu bewältigen – das ist der Antrieb des Lernenden.
- In Heinrich Roths Stufenschema wird die Motivation als „Energiespender" bzw. als „Antriebsenergie" umschrieben, welche zudem so stark sein muß, daß sie die Auseinandersetzung den gesamten Lernprozeß über anhalten sollte.

Weiterführende Erläuterungen gibt es in vielen Ansätzen nicht.[67] Das NLP hat mir in dieser Frage die Augen geöffnet für die vielen subjektiven Facetten, welche die Zielformulierung und -erreichung erheblich mitentscheiden. Und es hat mir Methoden an die Hand gegeben, Ziele zu bearbeiten und anzustreben und auch zu erreichen, an die ich mich mit den früheren Methoden nie und nimmer herangetraut hätte.

Welche Facetten beeinflussen nun die Zielarbeit derart stark, daß sie in einem schlüssigen Konzept auf jeden Fall miteinbezogen werden sollten? – Es handelt sich um Wertvorstellungen (kurz: Werte), Glaubenssätze und -systeme, Denk- bzw. Metaprogramme und Einstellungen. Ich möchte im folgenden diese Facetten kurz vorstellen.

4.4.2 Werte oder die Frage: „Wie / unter welchen Bedingungen möchten Sie Ihre Ziele erreichen?"

Werte drücken Prinzipien (Eckdaten) aus, die Sie auf dem Weg zu Ihrem Ziel unbedingt – bewußt oder unbewußt – beachten möchten. Werte sind eng verwandt mit „Beweg-Gründen", denn sie drücken aus, *wie / unter welchen Bedingungen* Sie Ihre Ziele realisieren möchte.

Werte begleiten Sie also auf dem Weg zum Ziel, und zugleich stehen Werte aber auch hinter den Zielen, indem Sie mit Ihrem Tun und Handeln bestimmte

Werte ausdrücken möchten. Dabei ist Wert nicht gleich Wert. Denn Werte lassen sich unterscheiden in

- Bedeutungswerte (Familie, Auto, Geld, Beruf, Haus und Hof, Freund und viele andere derartige Werte drücken aus, daß ihrem Vorhandensein ein Wert / eine Bedeutung beigemessen wird – ein Auto bedeutet für Sie z.B. Mobilität) und
- Lebenswerte (das sind grundsätzliche Werte wie Glück, Erfolg, Liebe, Freundschaft und Sicherheit; dies sind Werte, die nicht auf das Erreichen eines einzigen Zieles zurückgeführt werden können, sondern es sind Werte, die auf vielen Faktoren gründen, Werte, die Sie nicht ein für allemal „festhalten", „erwerben" können, sondern die ständig „erneuert" werden müssen).

Eine weitere Klärung der Werte ergibt sich, wenn man die durch die Werte ausgelöste Bewegungsrichtung betrachtet. In diesem Falle unterscheidet man

- „hin-zu-Werte", das sind Werte wie Abenteuerlust, Erfolg, Liebe, Macht, Sicherheit, Bequemlichkeit, also Werte, die Sie eher attraktiv finden und denen Sie deshalb folgen[68], und
- „weg-von-Werte" wie Ärger, Demütigung, Depression, Frustration, körperliche Schmerzen, Schwierigkeiten, das sind Werte, denen Sie wohl eher ausweichen möchten.

Nun hängt es stark vom jeweiligen Kontext und der jeweiligen Situation ab, welcher Wert zur Zeit besonders gefragt ist oder besonders stark vermieden wird. Jeder Mensch entwickelt deshalb eigene Wertvorstellungen *(Wertehierarchien)*, was er in welcher Situation und in welchem Kontext eher bevorzugen / anstreben will.

Übung: Erarbeiten Sie sich doch einmal Ihre gegenwärtige Wertehierarchie in Bezug auf a) Ihr Leben und b) Ihre berufliche Situation, indem Sie die o.g. je sechs „weg-von-" und „hin-zu-Werte" in eine Ordnung bringen. Fragen Sie sich:

Welchen dieser Werte möchte ich am stärksten verwirklichen...

a) ... in meinem Leben?	b) ... in meinem Beruf?
1.	1.
2.	2.
3.	3.
4.	4.
5.	5.
6.	6.

Und:

Welchen dieser Werte möchte ich am meisten vermeiden...

a) ... in meinem Leben?	b) ... in meinem Beruf?
1.	1.
2.	2.
3.	3.
4.	4.
5.	5.
6.	6.

Der Zusammenhang von Werten und Zielen deutet auch noch auf eine weitere Gemeinsamkeit hin. Es dürfte einleuchten, daß Ziele, die mit einem hohen persönlichen Wert verknüpft sind, auch starke *emotionale Reaktionen* auslösen – seien es positive oder negative Gefühle. Demnach gilt: Je höherwertiger ein Ziel in der persönlichen Hierarchie angesiedelt ist, desto wichtiger ist es, bei der Zielarbeit auch die emotionale Betroffenheit mit zu berücksichtigen.

4.4.3 Glaubenssätze oder die Frage: „Was trauen Sie sich eigentlich im Hinblick auf Ihre Ziele zu?“

Mit dem Thema „Glaubensüberzeugungen“ sind Sie schon bei der Erarbeitung von Visionen konfrontiert worden. Dort lautete die Frage: „Trauen Sie sich

Visionen zu?" Doch auch bei konkreten Zielen spielt der „Glaube" eine gewichtige Rolle. Denn Glaubenssätze (beliefs) markieren das, was Sie sich gegenwärtig in bezug auf ein vorgefaßtes Ziel zutrauen. Es handelt sich hierbei um ungeprüfte Annahmen (Generalisierungen), die Sie irgendwann einmal für sich eingeführt haben; Glaubenssätze vermitteln Ihnen ein subjektives Gefühl an Sicherheit, daß „in Ihrer Welt" auf x y folgt.

Ein Glaubenssatz (eine Kombination von x und y) kann demnach Ihre Möglichkeiten, Fähigkeiten und Aktionen entweder

- begrenzen, einschränken (Beispiele dafür: „Ich bin zu jung!" – „Ich eigne mich nicht als Redner!" – „Ich habe dafür nicht die notwendige Ausbildung!") oder
- erweitern, ausdehnen (Beispiele: „Es gibt immer noch einen Weg!" – „Was ich mir vorstellen kann, das kann ich auch erreichen!" – „Ich bin so lange erfolgreich, wie ich aus jeder Situation etwas lerne!").

Dieser Sachverhalt bedeutet für die Zielarbeit: Wenn Sie sich ein Ziel vorgenommen haben, aber an der Erreichung dieses Zieles zweifeln (d.h. einen einschränkenden Glaubenssatz haben), dann ist es in jedem Falle sinnvoller, sich zunächst mit diesem spezifischen Glaubenssatz zu beschäftigen und denselben zu erweitern oder ihn durch einen angemesseneren Glaubenssatz zu ersetzen, als Versuche zu starten, dieses Ziel gegen die eigenen Glaubensüberzeugungen erreichen zu wollen...

Es gibt nahezu so viele Glaubenssätze, wie es Lebenssituationen gibt. Und es gibt globale Glaubenssätze, die auf viele Situationen zutreffen, und es gibt ganz spezifische Glaubenssätze, die auf bestimmte Situationen zugeschnitten sind.

Als Glaubenssystem kann man eine Zusammenfassung vieler, tendenziell gleichgerichteter Glaubenssätze bezeichnen. Diese gleichgerichteten Glaubenssätze unterstützen und kontrollieren sich wechselseitig und sorgen dafür, daß das Verhalten eines Menschen schließlich relativ „stabil" und „vorhersagbar" erscheint (z.B.: „Ich bin nun einmal eher pessimistisch eingestellt").

Selbstverständlich können sich auch Glaubenssysteme ändern bzw. neugestaltet werden – diese Veränderungen / Lernprozesse sind aber weitaus tiefgreifender und umfassender als beim Umlernen einzelner Glaubenssätze. Denn Glaubenssysteme sind ganz nah bei der Persönlichkeit / Identität eines Menschen angesiedelt – und seine Identität wechselt man halt nicht wie seine Hemden.

Wie können Sie nun dieses Wissen nutzen? – Glaubenssätze schweben nicht im luftleeren Raum, sondern sind immer auf Situationen, Ereignisse, Kontexte, Ziele oder Lebensbereiche bezogen. Wenn Sie Ihre Glaubenssätze z.B. für Ihr Leben oder für Ihren Beruf oder Ihre Ziele kennenlernen möchten, dann fragen Sie sich einmal:

„Was / woran glaube ich in bezug auf
a) ... meinen Erfolg im Leben?
b) ... meinen Erfolg im Beruf?
c) ... meine Ziele?“

....

....

....

Es kann sein, daß dieses direkte Fragen Sie zunächst blockiert. Deshalb schlage ich Ihnen noch eine andere Strategie vor. Weiterführende Informationen erhalten Sie, wenn Sie mit Ihrem jeweiligen Rahmen „spielen“, indem Sie denselben verändern oder starke Vergleichspersonen (Konkurrenten) mit hineinnehmen. Ich möchte Ihnen dieses „Spielen“ mit Glaubenssätzen anhand des Zielthemas demonstrieren.

Wenn Sie für sich ein Ziel definiert haben, dann fragen Sie sich:

„Was müßte passieren, damit ich mein Ziel in einem Viertel der veranschlagten Zeit erreiche?“

....

....

....

„Wie sieht die Sachlage aus, wenn ich das Zehnfache meines Zieles – so ich es quantifizieren kann – anstrebe?“

....

....

....

„Wie schneide ich bei diesem Ziel ab im Vergleich mit ...?“

....

....

....

„Worin unterscheiden sich in bezug auf mein Ziel wohl der Glaube von ... und mein eigener Glaube?

....

....

....

4.4.4 Metaprogramme oder die Frage: „Was stelle ich mit den verfügbaren Informationen im Hinblick auf meine Ziele an?“

„Im richtigen Ton kann man alles sagen, im falschen Ton nichts: Das einzig Heikle daran ist, den richtigen Ton zu finden.“ – George Bernard Shaw

Metaprogramme sind immer gegenwärtig, ganz gleich, was Sie auch denken oder tun mögen. Schon das Lesen dieser Zeilen zum Beispiel bedeutet, daß mindestens ein Programm (oder Wert) von Ihnen aktiviert wurde. Dabei spielt es zunächst keine Rolle, ob Sie mit dem Gelesenen inhaltlich übereinstimmen oder nicht. In beiden Fällen haben Sie sich schon durch das Gelesene „irgendwie“ bewegen lassen – entweder in Richtung „hin-zu“ (Übereinstimmung) oder in Richtung „weg-von“ (Widerspruch), kurz: Sie haben ein Metaprogramm namens „Richtungsfilter“ aktiviert.[69]

Was sind nun Metaprogramme?

Metaprogramme sind internale Denk- und Verhaltensmuster, die uns bei der Entscheidung helfen, worauf wir unsere Aufmerksamkeit lenken wollen. Sie sind die Filter unseres Wahrnehmens, Denkens und Handelns. Metaprogramme und Werte gemeinsam sind gewissermaßen unser persönliches „Regelbuch", welches die Regeln enthält, wie wir gewöhnlich unser Denken, Wahrnehmen und Handeln organisieren. Jeder Mensch hat nun ein eigenes Regelbuch.

Das erklärt, weshalb verschiedene Menschen auf ein und dasselbe Ereignis völlig unterschiedlich reagieren können. Worüber der eine Mensch herzhaft lachen kann, das findet ein anderer peinlich, und ein dritter wird gar wütend und ausfallend.

Wenn wir nun wissen, welche Filter wir selbst oder bestimmte Mitmenschen bevorzugen, dann sind wir eher in der Lage, gemäß deren „Regeln" zu spielen und den „richtigen Ton" (G.B. Shaw) in der Kommunikation zu treffen.

Grundsätzlich gibt es keine Ausprägungen in Metaprogrammen, die „besser" oder „schlechter" sind. Wohl aber gibt es bestimmte Situationen, Kontexte oder Anforderungen, wo sich eine bestimmte „Filterung" als besonders geeignet herausstellt. Ich möchte dies an einem Beispiel erläutern:

Das Metaprogramm „Beziehungsfilter" sortiert dahingehend, ob wir eingehende Informationen eher an bereits vorhandenem Material messen, um dadurch bestehende Gemeinsamkeiten zu erkennen, oder ob wir von Haus aus dazu neigen, auf Unterschiede zwischen Vorhandenem und Wahrgenommenem zu achten. Als Frage formuliert, achtet der Beziehungsfilter auf folgenden Zusammenhang: „Konzentriere ich mich eher auf Ähnlichkeiten oder auf Unterschiede?"

- Kreative Menschen setzen offensichtlich ihre Beziehungsfilter eher so ein, daß sie immer wieder nach ungewöhnlichen und verrückten Zusammenhängen Ausschau halten und dadurch früher oder später auf neue Lösungsmöglichkeiten stoßen. Eine Grundfrage derartig begabter Menschen lautet: „Was gibt es hier, was ich noch nicht kenne?"
- Mangelnde Kreativität könnte demgegenüber darauf hindeuten, daß es einem Menschen an der Fähigkeit fehlt, entsprechende Unterschiede

(„andere Sichtweisen") wahrzunehmen: „Ich sehe hier nur das gleiche, für mich gibt es nichts Neues!". Oder wie es bisweilen in Feedbackrunden in Seminaren geäußert wird: „Das, was Sie hier präsentiert haben, habe ich alles schon gewußt. Aber es ist immer wieder gut, von Zeit zu Zeit sein Wissen aufzufrischen!"

Welche Beziehung besteht nun zwischen Metaprogrammen und Zielmodellen? Aus den Ausführungen dürfte schon deutlich geworden sein, daß hier recht enge Zusammenhänge bestehen, ja daß die Ausprägungen der aktivierten Metaprogramme die Wirksamkeit der Zielarbeit mitentscheidend beeinflussen.

Mittlerweile sind von Robert Dilts auf der einen Seite und von Tad James und Wyatt Woodsmall auf der anderen Seite umfassende Analysekonzepte zur Ermittlung der Werte und Metaprogramme von Menschen erarbeitet worden. Diese hier ausführlich vorzustellen würde aber den Rahmen dieses Buches sprengen.

Ich möchte Ihnen hier die Bedeutung dieser Konzepte für die Zielarbeit herausstellen. Analysieren Sie doch einige Ihrer Ziele mit Hilfe folgender Fragen:

Fragen	**Metaprogramme**
Möchte ich mit meinem Ziel etwas erreichen oder etwas vermeiden?	... klärt meine Bewegungsrichtung im Sinne von „hinein ins Paradies" oder „weg aus der Hölle"
Merke ich eher an äußeren oder an inneren Gegebenheiten, daß ich mein Ziel erreicht habe?	... klärt meinen Bezugsrahmen (innen – außen)
Zu welchem Zeitpunkt fasse ich Ziele ins Auge: Warte ich, bis es nicht mehr anders geht, oder ergreife ich selbständig weit im Vorfeld schon die Initiative?	... klärt meinen motivationalen Hintergrund (Möglichkeiten oder Notwendigkeiten)
Wieviel Aufmerksamkeit schenke ich meiner Umgebung, wenn ich mich auf ein Ziel zubewege: Nehme ich ausschließlich meine eigenen Bedürfnisse wahr, oder ziehe ich die Bedürfnisse anderer mit ins Kalkül?	... klärt meinen Wahrnehmungsfokus in bezug auf meine Mitmenschen

Wonach sortiere ich die Informationen, die ich bei einer Zielarbeit einhole: eher nach Ähnlichkeiten oder nach Unterschieden?	... klärt meine vorrangige Sortier strategie (Ähnlichkeiten oder Unterschiede)
Wie wichtig sind mir die Einbeziehung anderer und die Unterstützung durch andere, wenn ich ein Ziel verfolge?	... klärt meinen Arbeitsstil in Bezug auf andere Menschen (eher kooperativ oder eher unabhängig oder eher sowohl – als auch)
Werde ich bei einem Ziel eher „durch Neuanfänge“ angespornt oder „durch das Ziel vor Augen“ oder wenn ich „mitten drin“ stecke in einem Projekt?	... klärt meinen Motivationsstil im Verlaufe eines Projekts

4.4.5 Die Einstellung oder die Frage: „Was passiert in mir, wenn ich die Entscheidung für ein Ziel getroffen habe?“

Ein wichtiges Ziel repräsentiert einen intensiven Wunsch. Die Entscheidung für dieses Ziel verändert von einer auf die andere Sekunde mein Leben. Und diese Veränderungen sollten sich nicht nur im Kopf abspielen, sondern auch ihren Ausdruck in der realen Gegenwart finden.

- Zum Beispiel, indem ich einen ersten Schritt auf mein Ziel hin tue. Das muß kein großer Schritt sein, bei einer Weltreise hat der erste Schritt nur einen symbolischen Wert – er markiert den Beginn der Reise. Und dennoch sollte dieser Schritt nicht geringgeachtet werden. Denn wenn ich ihn ausgeführt habe, dann bin ich unterwegs, dann vermag meine Umwelt dies wahrzunehmen ... und ich kann nicht mehr ohne weiteres zurück. Darum geht's!
- Zum Beispiel aber auch, indem ich mich frage: „Mit welcher Einstellung werde ich mein Ziel wohl am ehesten erreichen können?“ Und dann diese Einstellung auch körperlich ausdrücke durch die Art und Weise,
  - wie ich mich bewege,
  - wie ich mich aufrichte und körperlich halte,
  - wie ich atme,

- wie ich spreche,
- wie ich mich umblicke, etc.

Das NLP betont das enge Wechselspiel von Körper und Geist: Wer seinen Körperzustand kontrolliert, der beeinflußt damit auch seinen emotionalen und mentalen Zustand und erhöht damit signifikant die Wahrscheinlichkeit, seine Ziele zu erreichen.

Wenn ich mich körperlich gehen lasse und durchhänge, dann vermag ich nicht, die für meine Zielerreichung notwendige Energie zu sammeln und zu konzentrieren; wenn ich mich hingegen körperlich aufrichte und zusammenreiße, dann wird mein Aktivitäts- und Aufmerksamkeitsniveau automatisch erhöht ... und mein Ziel damit erreichbarer.

Selbstverständlich umfaßt ein „Sich-Einstellen" auch mentale und emotionale Aspekte. Ich habe in dieser Beschreibung die notwendige körperliche Einstellung deshalb hervorgehoben, weil mentale und emotionale Gesichtspunkte schon in den anderen zielrelevanten Aspekten (Werte, Glaubenssätze und Metaprogramme) angesprochen wurden. Das NLP ist ein ganzheitlicher Ansatz, welcher die wechselseitige Abhängigkeit verschiedener Faktoren untersucht und diese Abhängigkeit als wichtige Gestaltungschance nutzt, um wirksame und andauernde Veränderungen hervorzurufen.

Wer bereit und fähig ist, diese verschiedenen Faktoren situationsangemessen und flexibel zu nutzen, der hat einen Wesenszug des NLP verstanden.

Ziele zu überprüfen, zu präzisieren und zu realisieren – das ist der Hebel, um die eigene Zukunft konstruktiv zu gestalten. Die nachfolgenden Zielmodelle (Übungen) können Ihnen als Einstieg dienen, um Ihre eigenen Ziele zu bearbeiten.

4.4.6 Zwei Modelle zur Zielbearbeitung (Übungen)

Im NLP gibt es viele verschiedene Zielmodelle. Da die „Kunst des Ziele-Verwirklichens" auch schon in meinen früheren Büchern einen weiten Raum eingenommen hat, möchte ich hier den Fokus auf **zwei Zielmodelle (Fragensysteme)** lenken, welche zum einen eine Klärung über den Prozeß des

Zielformulierens herbeiführen, zum anderen eine Klärung der Konsequenzen, die sich aus der Realisierung eines Ziels ergeben. Beide Übungen sind unabhängig voneinander, sie können aber auch miteinander kombiniert werden.

Übung 1: Formulieren Sie Ihr Ziel so, daß es den „Wohlgeformtheitskriterien" genügt!

1. Formulieren Sie Ihr Ziel **positiv und eindeutig**: Was genau möchten Sie?
2. Drücken Sie sich so **präzise (sinnesspezifisch)** wie möglich aus: Was genau werden Sie sehen, hören, fühlen, schmecken und riechen ..., wenn Sie Ihr Ziel erreicht haben?
3. Bestimmen Sie Ihre **Zielerkennungskriterien**: Wo und wann, in welcher Situation werden Sie sich wem gegenüber wie verhalten, wenn Sie Ihr Ziel erreicht haben?
4. Übernehmen Sie **Verantwortung und Kontrolle**: Haben Sie die volle Kontrolle über den Zielprozeß, oder sind Sie bei der Realisierung Ihres Zieles vom Wohlwollen anderer abhängig? – Wenn ja: Welche Personen müssen Sie wie beeinflussen, damit Sie Ihnen beim Erreichen Ihres Zieles helfen?
5. Überprüfen Sie die **Verträglichkeit (Ökologie)** dieses Zieles in Ihrem Lebenszusammenhang: Wie harmoniert Ihr Ziel mit anderen Zielen? Welche anderen Ziele unterstützen dieses Ziel? Welche anderen Ziele könnten dieses Ziel behindern?
6. Zum Schluß: Können Sie Ihr Ziel(-verhalten) schon **hier+jetzt** demonstrieren? – Wenn nein: Was können Sie als ersten Schritt hier und heute schon tun? Womit können Sie jetzt schon beginnen?

Übung 2: Welchen Preis haben Sie zu zahlen, wenn Sie Ihr Ziel anstreben?

Wenn Sie Ihr Ziel formuliert haben, dann fragen Sie sich:

1. Was werden Sie in den Händen halten, wenn Sie Ihr Ziel erreicht haben?
2. Was wird es Sie kosten, wenn Sie Ihr Ziel nicht erreichen?
3. Was haben Sie schon in den Händen, und was davon wollen Sie behalten?

4. Was haben Sie noch nicht, und was wollen Sie durch Ihr Handeln realisieren?
5. Was haben Sie schon in den Händen, und was wollen Sie nicht durch Ihr Handeln erhalten?
6. Was haben Sie noch nicht, und was wollen Sie auch nicht?

4.4.7 *Transfer*

Wie Sie wohl gemerkt haben, nimmt die Zielarbeit im NLP einen weiten Raum ein. Ferner wird Ihnen deutlich geworden sein, daß Zielarbeit auf vielen verschiedenen Ebenen stattfindet und ... daß diese Veränderungsarbeit – wenn man sie ernsthaft betreibt – mit immensen persönlichen Anstrengungen verbunden sein kann. Und diese Tatsache überrascht viele Teilnehmer in Seminaren ... und vielleicht auch Sie als Leser!

Dabei sind diese Anstrengungen nur das Ergebnis eines ganz normalen Veränderungsprozesses. Im NLP geht man davon aus, daß alles im Leben zweimal erschaffen wird – das erste Mal im Kopf, das zweite Mal dann in der Realität. Demnach ist Zielarbeit eine schöpferische Arbeit, es werden dabei im Kopf gewaltige Energien bewegt ... und demzufolge ist diese Tätigkeit genauso anstrengend wie der spätere Realisierungsprozeß.[70]

Doch diese Arbeit lohnt sich. Sie ist die entscheidende Voraussetzung für den Erfolg. Und sie hilft, Zeit, Geld und Energien zu sparen. Wenn Sie ein Haus planen und Ihr Architekt in der Planungsphase nur halbherzig und oberflächlich arbeitet, so dürfen Sie sich nicht wundern, wenn Sie bei der späteren Realisierung mit Schwierigkeiten zu kämpfen haben und Ihre Kosten erheblich über Ihrem ursprünglichen Ansatz liegen werden. Doch dies ist nicht nötig, denn das NLP bietet eine Fülle von zeit- und energiesparenden Methoden an. Lassen Sie sich überraschen und verwöhnen.

Sinn und Zweck jeglicher Zielarbeit ist zweierlei: Zum einen geht es darum, Beweg-Gründe für sein Tun und Unterlassen zu erarbeiten, damit man sich der Konsequenzen seines Handelns bewußt wird. Zum anderen geht es darum, bei sich selbst „Verwirrung“ zu stiften und dadurch sein Ziel auf den Prüfstand zu stellen,

- damit sich dieses Ziel entweder bewährt und aus diesem Klärungsprozeß gestärkt hervorgeht oder
- damit deutlich wird, daß dieses Ziel zwar interessant ist, aber in seinem gegenwärtigen Zuschnitt wenig realisierbar ist und daher einige Modifikationen notwendig sind oder
- damit deutlich wird, daß dieses Ziel wenig erstrebenswert ist.

Und gerade der letztgenannte Gesichtspunkt ist *äußerst wichtig für die persönliche Hygiene*: Es geht darum, **„Baustellen" wieder zuzuschütten** ... und damit der Gefahr entgegenzuwirken, daß man sich in seinem Leben verzettelt. Denn es ist doch oft so, daß uns irgendein Projekt oder eine Aufgabe reizt und wir diese Reize („Ich wollte immer schon mal eine Reise nach ... unternehmen." – „Französisch werde ich irgendwann einmal auch noch lernen." – „Für mein Hobby Fotografieren finde ich zuwenig Zeit." – „Einmal eine Woche Zeit im Betrieb haben, um wieder auf den neuesten Stand zu kommen und die Fachlektüre zu lesen." – „Der Garten müßte auch mal wieder von Grund auf durchforstet werden." – „Eine Betriebsfeier wäre mal wieder schön, doch wo sollten wir dafür Zeit hernehmen?" – „Den Ralf und die Birgit würde ich auch gerne mal wieder besuchen.") ständig als „offene Gestalten" mit uns herumtragen. Und jede „offene Gestalt" raubt uns Kraft und Energie. Energie, die wir für die Tätigkeiten benötigen, die wir wirklich wollen.

Deshalb unterziehen Sie Ihre Ziele von Zeit zu Zeit einem Test, damit Sie Ihre Kraft dann auf die Ziele konzentrieren, die Ihnen wirklich wichtig sind ... im Leben und im Beruf!

4.5 Wie gehen Sie es an? – Nutzen Sie doch eine Lösungsstrategie für erfolgreiches Handeln!

4.5.1 Tun oder Lassen – das ist oft die Frage!

Sie haben Ihre Bestandsaufnahme abgeschlossen, aus Ihren Visionen Ziele ermittelt und diese auf Ihre Bedeutung für Ihr Leben, für Ihre berufliche und /

oder persönliche Entwicklung hin überprüft. Nun gilt es konkret zu werden und wirklich das zu tun, was Sie tun wollen. Ich frage Sie:

**Haben Sie nicht schon eine Idee,
was Sie als nächsten Schritt tun können?**

Ich begegne oft Menschen, die zwar darüber klagen, nicht zu wissen, was sie tun sollten, aber bei näherem Nachfragen zugeben, daß sie es „eigentlich schon" wüßten, aber aus diesem oder jenem Grunde bisher noch nicht dazu gekommen seien, diese naheliegenden Dinge zu erledigen ... .

Ich möchte Ihnen die Gelegenheit geben, sogleich *zwei Projekte* anzufangen, die Ihnen klar sind und Ihnen auf den Nägeln brennen. Klären Sie bitte folgende Fragen:

**Welche zwei Projekte möchten Sie hier und jetzt beginnen?
Weshalb haben Sie sich ausgerechnet diese Projekte ausgesucht?
Was können Sie als ersten Schritt jetzt sogleich tun?**

Goethe sieht einen unmittelbaren Zusammenhang zwischen dem, was wir tun, und der Erkenntnis unser selbst. Die Frage: „Wie kann man sich selbst erkennen?" beantwortet er mit folgender Aussage: „Durch Betrachten niemals, sondern nur durch Tun. Versuche das Deine zu tun, und Du wirst erkennen, was in Dir steckt!"

Deshalb möchte ich Sie dazu einladen, zu tun, was ansteht. Das ist die eine Seite der Medaille. Die andere Seite aber, die Seite des Lassens und Aufschiebens, ist ebenfalls ein wichtiger Aspekt. Hier geht es um folgende Fragen:

**Was hindert Sie eigentlich am Tun, daran, eine Sache
mutig, spielerisch und neugierig anzupacken und zu erledigen?
Was läßt Sie zögern, manchmal so lange, bis die Chance vertan ist?**

Wenn wir „objektiv" wissen, was wir tun sollten, es aber dennoch nicht tun, dann sind dafür offensichtlich – so meine These – gar keine logischen Gründe verantwortlich, sondern vielmehr „psycho-logische Gründe". „Logisch" scheint eine Aktion völlig einsichtig und notwendig, aber „psycho-logisch" hindert uns irgend etwas, diese Aktion wirklich anzugehen. Dieses Hindern läßt sich nur in einer Weise interpretieren: Es gibt so etwas wie „Zögerprogramme".

Was sind nun psycho-logische Gründe? Es sind Gründe, die aus der subjektiven Sicht eines Menschen entspringen, d.h., es gibt – im Blick auf die o.g. Tätigkeit – offensichtlich auch *gute Gründe* für diesen betreffenden Menschen, *etwas nicht zu tun*. Und dann helfen auch keine weiteren logischen Argumente, dieser Mensch wird diese Aktion so lange nicht beginnen, bis die subjektiv bei ihm vorhandenen Barrieren abgebaut sind und er persönlich davon überzeugt ist, daß diese Sache wirklich jetzt getan werden sollte.

4.5.2 Schritte auf dem Weg zum Ziel

Die im folgenden vorgestellte *Strategie für erfolgreiches Handeln* verbindet beide Seiten miteinander, die logische und die psycho-logische Seite. Aus wissenschaftlichen Verhaltenstheorien (System-, Handlungs- und Entscheidungstheorie) stammen dabei die logischen Strukturen eines effizienten Handlungsablaufs; diese können Sie durch NLP-Übungen ergänzen – und so die subjektive Seite mit in den Veränderungsprozeß hineinnehmen ... und so Ihre persönliche Erfolgsstrategie entwickeln.

Persönlich heißt, daß Sie in sich hineinspüren, wie es Ihnen bei den einzelnen Schritten geht, um festzustellen, was Ihnen leichtfällt und wo Sie eventuell (immer wieder) zögern. Auf diese Weise lernen Sie nach und nach Ihr Energiemuster kennen und damit wieder etwas von sich selbst. Sie erfahren z.B., ob Sie ein Startertyp sind, der bereitwillig und leichtfüßig ein neues Projekt angeht, ob Sie besonders stark im Mittelteil sind und ein Projekt am Laufen erhalten können oder ob Ihre besonderen Stärken im Finish liegen, wenn es gilt, die Ernte einzufahren und ein Projekt zu beenden. Und genauso erfahren Sie auch, zu welchem Zeitpunkt Ihr Energiepegel niedrig ist und wo demzufolge Projekte Gefahr laufen, im Sande zu versickern. Wenn Sie dies wissen, dann können Sie ja Lösungen (oder Verbindungen mit anders ausgeprägten Partnern) suchen, die Ihre Stärken zur Geltung bringen und Ihre Schwächen ausgleichen.

Ich betrachte diese Strategie als eine Zusammenfassung des Übungsteils. Hier begegnen Ihnen wieder die verschiedenen Handlungsschritte, angefangen von der Erarbeitung einer Vision bis hin zur Erreichung wertvoller Ziele. Und es ist Ihnen freigestellt, wie und welche Fragen Sie in Ihre Strategie einbauen.

Insgesamt handelt es sich um sieben Schritte, wobei die Schritte 1-3 der Zielklärung und Handlungsvorbereitung dienen, die Schritte 4-6 dann den eigentlichen Veränderungsprozeß betreffen und Schritt 7 den Handlungsabschluß darstellt:

1. Von der Vision zum Ziel: Wie lautet eigentlich meine persönliche Lebensaussage (Vision)?
2. Den Nebel vor meinem Ziel vertreiben: Was genau will ich tun?
3. Beweg-Gründe für mein Tun finden: Warum sollte ich ... tun? Was motiviert mich ... zu tun?
4. Den ersten (nächsten) Schritt unternehmen: Wie / womit will ich starten?
5. Feedback einholen: Was ist passiert? Wen oder was habe ich mit meiner Aktion eigentlich erreicht?
6. Das Feedback auswerten und für weitere Schritte nutzen: Wie kann es weitergehen? An welcher Stelle ist wann und warum eine Korrektur notwendig, um mein Ziel zu erreichen?
7. Mein Ziel erreichen und ... feiern: Wie bin ich zum Ziel gekommen? Wer hat mich dabei unterstützt? Wem kann ich wofür danken? Mit wem möchte ich den Erfolg feiern?

Selbstverständlich bietet das NLP noch eine Fülle weiterer Methoden und Übungen, mit denen Sie Ihren Entwicklungsprozeß unterstützen können. Mein Anliegen war es gewesen, Ihnen einen ersten Einblick in dieses faszinierende Kommunikationsmodell zu geben. Nun liegt es an Ihnen, eine Entscheidung zu treffen, ob Sie weitermachen wollen auf diesem Weg.

Anmerkungen

1. Zu Ihrer Orientierung: In Kapitel 3.3 habe ich einige aktuelle Einführungen zum NLP kommentiert, die sich u.a. auch mit „NLP und Kommunikation" befassen.
2. Weitere Erläuterungen zum NLP-Konzept finden sich vor allem in Kapitel 3.
3. Bandler / Grinder 1984, S. 44.
4. Bandler / Grinder 1984, S. 58.
5. Dies drückt sich dann unmittelbar in der Art und Differenziertheit der Formulierungen aus...
6. Der Klient vermag seine bisher festzementierte Sicht eines Ereignisses selbst aufzulösen und Wahlmöglichkeiten für sein Handeln und Unterlassen zu formulieren.
7. In der Literatur wird das Meta-Modell der Sprache von einigen Autoren weiter ausdifferenziert; so führt z.B. Alexa Mohl (vgl. 1993, 79 ff.) unter der Kapitelüberschrift „Fragetechnik" insgesamt sieben gleichwertige Kategorien auf – 1. Tilgungen; 2. Nominalisierungen; 3. Generalisierungen; 4. Unvollständig spezifizierte Verben; 5. Unterstellungen; 6. Verzerrungen; 7. Gedankenlesen. – Meiner Ansicht nach sind diese linguistischen Verfeinerungen wenig hilfreich, da sie von dem Anwender weitere Übungsanstrengungen erfordern, um das Gesamtmodell zu verstehen.
8. vgl. Cameron-Bandler 1987, S. 153 ff.; Mohl 1993, S. 79 ff.
9. „Systemisch" verstehe ich in Anlehnung an systemtheoretisches Denken. Die Systemtheorie definiert ein System als Summe seiner Elemente (Strukturelemente) und deren Beziehungen (Prozeßelemente) untereinander, wobei das Systemverhalten sowohl einer Analyse als auch einer Prognose unterzogen werden kann. Ferner lassen sich reale Systeme (z.B. Personen, Unternehmen, Familien, Gruppen, ...) und gedankliche Systeme (Ziele, Wünsche, Ideen, Probleme, ...) unterscheiden. Das NLP, welches sich mit den Strukturen des subjektiven Erlebens beschäftigt, ist als Konzept sowohl für reale als auch für gedankliche Systeme zuständig.
10. Zur Diskussion verschiedener kreativer Denkansätze – vgl. Radar für Trends – Letter 9/93, S. 2 ff.
11. vgl. Dilts 1993, S. 15 ff.; vgl. auch Isert 1992, S. 23; Simmerl 1993, S. 12; die Fragen sind in enger Anlehnung an Hege 1993, S. 11 entstanden.
12. Der Ausdruck „Slack" stammt von W. Staehle und J. Sydow (1991) und beschreibt die Notwendigkeit, daß jede Organisation gewisse Überschußreserven ansparen muß, um neue Aufgaben und Veränderungen überhaupt angehen zu können. Merkwürdigerweise leuchtet dies vielen Entscheidungsträgern in den Organisationen bei den Finanzen ein, wohingegen aber die Personaldecke in vielen *zukunftswirksamen* Bereichen äußerst knapp bemessen wird.
13. Das Vorbild bei dieser auf das Handlungssubjekt projizierten Systembeschreibung ist das von Stratenwerth entwickelte „Strukturmodell der Handlungssituation" – vgl. Stratenwerth 1987.

14. vgl. Schwartz 1988b, S. 90 ff.
15. Covey 1992, S. 42; die Erläuterungen in den Klammern stammen von mir.
16. Und erst im nachfolgenden Schritt sollten die erworbenen Fähigkeiten dann in der Kommunikation mit anderen angewendet und weiter vertieft werden. Selbstverständlich wird diesem Prinzip ständig widersprochen, weil wir in unserer Welt gar nicht erst mit uns ins Reine kommen können, bevor wir in den Kontakt mit anderen treten. Wir waren und sind ja schon im Kontakt ... und das ist auch gut so. Und dennoch hat o.g. Prinzip seine Berechtigung, vielleicht in der besonderen Verantwortung, die anderen durch dessen Beachtung gezollt wird: Nicht er, sondern ich bin in erster Linie das Feld meiner Experimente. Und: Was du nicht willst, daß man dir tu, das füg' auch keinem andern zu.
17. An die Oberfläche treten diese inneren Dialoge in Formulierungen wie: „... und da frage ich mich wirklich, ob ..." oder: „Ich sage zu mir ...".
18. Huxley 1989, S. 96.
19. Walt Disney hat z.B. zur Lösung komplexer Fragen die Strategie entwickelt, drei Teilpersönlichkeiten in sich (einen Träumer, einen Kritiker und einen Realisten) nacheinander so lange zu befragen, bis die Lösung zur Zufriedenheit aller beteiligten Teile führt (bekannt als Walt-Disney-Strategie oder als Kreatives Haus).
    Genie Laborde hat das von Virginia Satir stammende Konzept der Parts Party (Teile-Party) auf einen eigenen Behaglichkeits-/Herausforderungs-Konflikt angewendet und berichtet über die Konferenz der verschiedenen Persönlichkeitsteile, als da wären Dr. Sicherheit, Frau Sparsamkeit, Frau Neue Erfahrungen, Frau Risiko, Fräulein Geld Unwichtig, Frau Ziellose Kreativität und Frau Überfluß / Zeitverschwendung – vgl. Laborde 1991, S. 249 ff..
20. vgl. Weiß 1990, S. 101 ff.
21. Weiß 1990, S. 100.
22. Beyer 1993, S. 109.
23. Dethlefsen / Dahlke 1991, S. 18.
24 Ich meine hiermit jetzt nicht die Tatsache, daß Lehrer im Unterricht keine Fragen stellen, sondern mehr die Tatsache, daß Schüler kaum die Gelegenheit haben, systemische Fragen kennenzulernen, weil nur selten Fragen dieses Typs gestellt und bearbeitet werden.
25 Bateson 1988, S. 15 ff.; Einfügungen durch den Autor..
26. Andere Umschreibungen für das Bedürfnis nach persönlicher Entwicklung
    - ... sind *das Bedürfnis nach Selbstverwirklichung* (sich ausdrückend in hoher Leistung, Kompetenz, Kreativität und einem gewissen Maß an persönlicher Autonomie – vgl. Staples 1993, S. 149);
    - ... entsprechen den höchsten Ebenen im Konzept der logischen Ebenen: Die Persönlichkeitsentwicklung, das Bedürfnis nach Wachstum, nach positiven Veränderungen

sind danach elementar verknüpft mit der Identitätsebene und der Ebene der Glaubenssysteme – vgl. dazu Dilts u.a. 1991; Dilts 1993;

- ... sind das, was man gemeinhin als „Erfolg" bezeichnet: „Für mich" – so Robbins 1992, S. 19 – „ist Erfolg das beständige Streben danach, 'mehr' zu werden. Erfolg zu haben, heißt, emotional, sozial, geistig, physiologisch, intellektuell und finanziell zu wachsen, während man gleichzeitig andere positiv beeinflußt. An der Straße zum Erfolg wird immer gebaut. Erfolg ist ein Weg, der immer weitergeht, kein Ziel, das es zu erreichen gilt."

27. Leonardo da Vinci, zitiert aus: Oech 1994, S. 32; Friedenthal 1983, S. 66.
28. vgl. Dilts 1992, S. 34 ff.: Die ganze Geschichte begann angeblich, als dem 16jährigen Einstein während einer langweiligen Mathematikstunde folgende Idee kam: „Wie wäre es wohl, auf einem Lichtstrahl zu reiten?" Diese Idee ließ ihn nicht mehr los, und es folgte ein lebhaftes gedankliches Frage- und-Antwort-Spiel .... Doch lesen sie alles weitere selbst!
29. Robbins 1992, S. 45.
30. vgl. Andreas / Andreas 1992, S. 375 ff.
31. Flusser, zitiert in Gerken 1992, Vorwort.
32. Oech 1994, S. 109.
33. In dieser Übung sind die Bedingungen noch recht unspezifisch benannt worden, um den verschiedenartigen Lebenssituationen der Leser gerecht werden zu können; ich bitte aber jeden Leser, bei einer entsprechenden Übertragung der Übung auf einen konkreten Sachverhalt vor allem Raum, Zeit und Aufwand so präzise wie irgend möglich zu formulieren.
34. Sie merken, daß auch das NLP eine eigene Fachterminologie besitzt. Ich möchte auf eine Erläuterung der verschiedenen Begriffe verzichten, weil ich Ihnen einen anderen Zugangsweg zum NLP beschreiben möchte. Falls Sie an der Klärung bestimmter Begriffe interessiert sind, so empfehle ich Ihnen, in Thomas Rückerls Buch *NLP in Stichworten* nachzuschlagen.
35. Schnappauf 1994, S. 11.
36. vgl. Bachmann 1991, S. 59 ff.
37. Wittenzellner 1989, S. 110; vgl. auch Dörners Erkenntnisse aus seinen Planspielversuchen, zusammengefaßt im Buch *Logik des Mißlingens* – 1989.
38. Vester 1980, S. 456.
39. Bateson 1988, S. 203.
40. Bateson 1988, S. 204.
41. Robbins 1992, S. 164 f.
42. Stahl 1992, S. 150; Virginia Satir, Fritz Perls und Milton Erickson waren die ersten Personen, deren erfolgreiche Arbeitsweise von Bandler und Grinder analysiert und in einem Konzept „kopiert" wurde.
43. Covey 1992, S. 13.
44. Covey 1992, S. 16.

45. Selbstverständlich steht neben Ihrem Arbeitsbereich in gleicher Weise auch Ihr persönlicher Lebenszusammenhang als Erprobungsfeld zur Verfügung. Dort gelten in etwa die gleichen Regeln.
46. vgl. Rückerl 1994, S. 13.
37. Ich habe Ihnen mit diesem 20–40–40% – Schema eine Vorgabe gegeben, die auch aus dem NLP-Kontext erwachsen ist. Das NLP versteht sich als *lösungsorientiertes Konzept*, welches sein Hauptaugenmerk auf den Lösungs-, nicht aber auf den „Problemrahmen" richtet. Probieren Sie es einfach aus, in „nur" 20 % der Zeit die Bestandsaufnahme vorzunehmen. Sie werden entdecken, daß es so geht.
48. Meine Empfehlung: Ich halte es für sinnvoll, wenn Sie sich pro Arbeitstag zumindest *etwa 30 Minuten* für Ihr Selbsttraining reservieren, wovon 5 Minuten für Ihre persönliche Einstimmung, 20 Minuten für die eigentliche Veränderungsarbeit und 5 Minuten für Ihre Planung der ersten Umsetzungsschritte aufzuwenden sind. – Als Übungsaufgaben können Sie sich die Beantwortung einzelner Fragen aus diesem Buch vornehmen.
49. Mein Vorschlag: Nehmen Sie jetzt Ihren Terminkalender zur Hand und notieren Sie sich die Zeiten, zu denen Sie Ihr Selbstmanagement-Training durchführen möchten. – Vielleicht wird dieser kleine Zeitplanungstest schon sehr aufschlußreich für Sie werden: Prüfen Sie sich dadurch, ob und inwieweit es Ihnen (noch) gelingt, sich 30 Minuten am Tag exklusiv für sich selbst zu reservieren.
50. Ich halte viel von schriftlichen Aufzeichnungen, weil diese in ungewöhnlich effektiver Weise zur Präzisierung und Konkretisierung von Ideen und Gedanken verhelfen. Eine gute Frage, schriftlich festgehalten, ist für mich schon der allererste Schritt zur Realisierung eines Vorhabens, und Antworten können dadurch am besten auf ihren Gehalt hin überprüft werden, daß man sie niederschreibt.
51. Covey 1992, S. 43.
52. Ich habe die Erfahrung gemacht, daß „Abwechslung" ein ganz wesentliches Element ist, um langfristig am Ball zu bleiben, und zudem die Erinnerungsfähigkeit an die wesentlichen Inhalte entscheidend fördert.
53. Parkinson, dem genialen Beobachter bürokratischer Prozesse, wird ein Wort zugeschrieben, welches dieses lösungsorientierte Vorgehen nachhaltig unterstreicht. Das Wort lautet: **„Arbeit läßt sich – wie Gummi – so weit dehnen, wie Zeit zur Verfügung steht, um sie auszuführen"** (1984, S. 11). – D.h., wenn man einer Problembeschreibung zwei Stunden zubilligt, wird diese auch mindestens zwei Stunden (und nicht weniger) ausfüllen, wenn man ihr zwei Wochen zubilligt, dann wird ein Mensch entsprechend „weiter" ausholen und „tiefer" graben und mindestens zwei Wochen benötigen (und nicht weniger) ... – Ich frage Sie: Weshalb möchten Sie zwei Wochen graben, wenn Sie das Wesentliche bei entsprechend ernsthaften Bemühungen schon in zwei Stunden ausgraben könnten?

54. vgl. Gerken 1992, S. 116 ff.
55. Ich bin jedoch nicht der Ansicht, daß man Visionen „managen" kann und sollte.
56. Covey 1992, S. 90.
57. Kappler 1994, S. 61 (in: Visionsmanagement).
58. Fromm 1979, S. 34: „... zu leben, ohne etwas zu haben, ist praktisch unmöglich."
59. Covey 1992, S. 59.
60. Prinzipien sind hier zu verstehen als „tiefe, fundamentale Wahrheiten mit universeller Anwendbarkeit, gültig für Ehen, Familien, private und öffentliche Institutionen" – Covey 1992, S. 32.
61. vgl. Covey 1992, S. 31 f.
62. L.A. Huxley: „Ich kann mich an einen Mann erinnern, an einen ganz von seiner Pflicht erfüllten Staatsminister, der immer wieder behauptete, seinem Vater alles Böse, was dieser ihm angetan habe, verziehen zu haben, bis ich ihn dann fragte: ‚Haben Ihre Eingeweide ihm auch vergeben?' Er krümmte sich in plötzlichen Krämpfen und schrie: ‚Nein!'" – 1989, S. 98.
63. vgl. Feild o.J., S. 95.
64. vgl. Huxley 1989, S. 98f.
65. Ich denke hier an die Ansätze, die den lernzielorientierten Unterricht kennzeichnen, insbesondere an die Versuche, Lernziele zu klassifizieren und zu inventarisieren – vgl. dazu die Charakterisierung dieser Konzepte in Bachmann 1991, S. 262 ff.
66. vgl. Correll 1978; vgl. Roth 1970; vgl. auch Böllert / Twardy 1983, S. 515 ff.
67. Eine völlige Neubewertung des Themas „Motivation" ergibt sich in neuerer Zeit aus den Überlegungen Sprengers – vgl. 1991. Mir sind bisher aber noch keine Arbeiten bekannt, welche diesen Ansatz in Verbindung bringen mit o.g. traditionellen Motivationskonzepten.
68. Selbstverständlich gibt es noch eine Fülle weiterer Werte wie Gerechtigkeit, Ausdauer, Flexibilität, Hilfsbereitschaft und viele andere – vgl. eine Werte-Checkliste in Schmelcher-Neff u.a. 1994, S. 45.
69. Sie erinnern sich: Bei der Einteilung der Werte haben wir auch schon mit diesem Metaprogramm gearbeitet.
70. **Zielarbeit ist Techniktraining für den Kopf!** – In jeder Sportdisziplin unterscheidet man verschiedene Trainingsinhalte, u.a. Krafttraining, Ausdauertraining, Taktiktraining und eben auch Techniktraining. Vor allem das Techniktraining erfordert unbedingt einen ausgeruhten, aber schon gut aufgewärmten Zustand. Wer sich nicht genügend aufgewärmt hat, der vermag noch nicht seine notwendige Leistung zu erbringen, um sich „technisch" verbessern zu können – wer ermüdet ist, der wird technisch nicht mehr sauber arbeiten und sich dadurch auch technisch eher verschlechtern als verbessern.

Literatur

Andreas, C.; Andreas, S. (1992): Mit Herz und Verstand. NLP für alle Fälle. 2. Aufl. Paderborn.

Bachmann, W. (1991): Das neue Lernen. Eine systematische Einführung in das Konzept des NLP. 3. Aufl. Paderborn.

Bachmann, W. (1994): Chaos – die neue Kraft im Selbstmanagement. Das Kreative Brainwriting als innovatives Ordnungskonzept. Paderborn.

Bandler, R.; Grinder, J. (1984): Metasprache und Psychotherapie. Die Struktur der Magie I. 7. Aufl. Paderborn.

Bateson, G. (1988): Ökologie des Geistes. Anthropologische, psychologische, biologische und epistemologische Perspektiven. 2. Aufl. Frankfurt/Main.

Besser-Siegmund, C.; Siegmund, H. (1993): Denk Dich nach vorn. Düsseldorf und Wien.

Beyer, M. (1992): Power Line. 2. Aufl. Paderborn.

Beyer, M. (1993): BrainLand. 2. Aufl. Paderborn.

Bierbaum, G.; Marwitz, K.; May, H. (1993): Happy Selling. Der geniale Verkäufer. 3. Aufl. Paderborn.

Blickhan, D.; Blickhan, C. (1989): Denken, Fühlen, Leben. Vom bewußten Wahrnehmen zum kreativen Handeln. München / Landsberg am Lech.

Böllert, G.; Twardy, M. (1983): Artikulation. In: Twardy, M. (Hrsg): Kompendium Fachdidaktik Wirtschaftswissenschaften. Düsseldorf, S. 497-531.

Brommer, U. (1994): Konfliktmanagement statt Unternehmenskrise. Moderne Instrumente zur Unternehmensführung. Zürich.

Buchner, D. (Hrsg.) (1992): Manager Coaching. Wie individuelle Ressourcen programmiert werden. Paderborn.

Byham, W.C.; Cox, J. (1994): Der magische Pfeil. Im Königreich der Motivation. Landsberg/Lech.

Cameron-Bandler (1987): Wieder zusammenfinden. NLP – neue Wege der Paartherapie. 6. Aufl. Paderborn.

Correll, W. (1978): Lernpsychologie. 16. Aufl. Donauwörth.

Covey, S.R. (1992): Die sieben Wege zur Effektivität. Ein Konzept zur Meisterung ihres beruflichen und privaten Lebens. Frankfurt; New York.

Dethlefsen, T.; Dahlke, R. (1991): Krankheit als Weg. Deutung und Be-Deutung der Krankheitsbilder. 8. Aufl. München.

Dilts, R.B. u.a. (1991): Identität, Glaubenssysteme und Gesundheit. 2. Aufl. Paderborn.

Dilts, R.B. (1992): Einstein. Geniale Denkstrukturen & Neurolinguistisches Programmieren. 2. Aufl. Paderborn.

Dilts, R.B. (1993): Die Veränderung von Glaubenssystemen. Paderborn.

Dilts, R.B.; Eppstein, T.; Dilts, R.W. (1994): Know how für Träumer. Strategien der Kreativität. Paderborn.

Dörner, D. (1989): Die Logik des Mißlingens. Strategisches Denken in komplexen Situationen. Reinbek.

Feild, R. (1993): Ich ging den Weg des Derwisch. 7. Auflage. München.

Friedenthal, R. (1983): Leonardo da Vinci. Eine Bildbiographie. München.

Fromm, E. (1979): Haben oder Sein. Die seelischen Grundlagen einer neuen Gesellschaft. Stuttgart.

Gerken, G. (1992): Manager ... die Helden des Chaos. Düsseldorf u.a.

Gerlach, A.; Gerlach, T. (1994): Die Umkehr der Egonauten. Aufbruch in eine neue Unternehmensidentität. Landsberg/Lech.

Hege, R. (1993): Von nun an geht's aufwärts? Sozio-NLP und die (Wirtschafts-)Krise?? – In: MultiMind – NLP aktuell, 3/1993, S. 10-11.

Huxley, L.A. (1989): Glücklichsein ist keine Kunst. Basel.

Isert, B. (1992): Ebenen persönlicher und beruflicher Entwicklung. Die Praxis des Modells der Neuro-Logischen Ebenen nach Robert Dilts. – In: Multimind – NLP aktuell, 2/1992, S. 23 – 25.

James, T. (1992): Time Coaching. Programmieren Sie Ihre Zukunft ... jetzt! 2. Aufl. Paderborn.

Kappler, E. (1993): Versuch zum systematischen Verhältnis von Betriebswirtschaftslehre als Wissenschaft und dem Wunsch nach Visionen für die Unternehmung. In: Sollmann, U.; Heinze, R. (Hrsg): Visionsmanagement. Erfolg als vorausgedachtes Ergebnis. Zürich.

Klimke, R; Schott, B. (1993): Die Kunst der Krisen-PR. Paderborn.

Köster, S.A. (1993): Fähigkeiten erkennen, entfalten, nutzen. Offenbach.

Laborde, G.Z.: (1991): Kompetenz und Integrität. Die Kommunikationskunst des NLP. 3. Aufl. Paderborn.

Luz, H.P. (1993): Konfliktbearbeitung mit NLP. In: Peschanel, F.D.: Phänomen Konflikt. Die Kunst erfolgreicher Lösungsstrategien. Paderborn.

Marwitz, K. (1993): Lean Company. Der freie Blick auf die neue Unternehmens-Vision. Paderborn.

Mohl, A. (1993): Der Zauberlehrling. Das NLP-Lern- und Übungsbuch. 4. Aufl. Paderborn.

Oech, R. von (1994): Der kreative Kick. Paderborn.

Parkinson, C.N. (1984): Parkinsons neues Gesetz. Reinbek.

Peschanel, F.D. (1993): Phänomen Konflikt. Die Kunst erfolgreicher Lösungsstrategien. Paderborn.

Radar für Trends, Heft 9/93. Trendletter des Instituts für Zukunfts-Beratung. Worpswede.

Richardson, J. (1992): Erfolgreich kommunizieren. Eine praktische Einführung in die Arbeitsweise von NLP. München.

Robbins, A. (1992): Grenzenlose Energie. Das Power Prinzip. München.

Roth, H. (1970): Pädagogische Psychologie des Lehrens und Lernens. 12. Aufl. Hannover u.a.

Rückerl, T. (1994): NLP in Stichworten. Ein Überblick für Einsteiger und Fortgeschrittene. Paderborn.

Schmelcher-Neff, J.; Münchhausen, M. von; Weissman, A. (1994): Persönliche Strategie. 7 Stufen zum Erfolg. Landsberg.

Schnappauf, R.A. (1994): Was hat NLP mit Spiritualität zu tun? In: Multimind – NLP aktuell, 2/1994, S. 11-14.

Schott, B. (1992): Lust statt Frust. Oder: Endlich entspannt verkaufen. Paderborn.

Schwartz, S. (1988a): Wie Pawlow auf den Hund kam .... Klassische Experimente der Psychologie. Weinheim und Basel.

Schwartz, S. (1988b): Wie Lorenz auf die Graugans kam ... . Klassische Experimente der Psychologie. Weinheim und Basel.

Simmerl, W. (1993): Zugang finden ... zu Einstellungen und Ressourcen. In: MultiMind – NLP aktuell, 3/1993, S. 12.

Sollmann, U.; Heinze, R. (1993): Visionsmanagement. Erfolg als vorausgedachtes Ergebnis. Zürich.

Sprenger, R.K. (1991): Mythos Motivation. Wege aus einer Sackgasse. Frankfurt/Main, New York.

Staehle, W.; Sydow, J. (1991): Managementforschung 1. Berlin.

Stahl, T. (1992): Neurolinguistisches Programmieren (NLP). Was es kann, wie es wirkt und wem es hilft. Mannheim.

Staples, W.D. (1993): Think Like A Winner! Der Weg zu Spitzenleistungen. Paderborn.

Stratenwerth, W. (1987): Handlung und System in Modellen der Wirtschaftspädagogik – dargestellt am Beispiel eines Strukturmodells der Lernsituation. Sonderdruck aus: Achtenhagen, F. u.a.: Handlung und System. Düsseldorf.

Ulsamer, B. (1991): Exzellente Kommunikation mit NLP. Erfolgsfaktoren des Neurolinguistischen Programmierens für Führungskräfte. Speyer.

Vester, F. (1980): Neuland des Denkens. Vom technokratischen zum kybernetischen Zeitalter. Stuttgart.

Weerth, R. (1992): NLP & Imagination. Band I. Paderborn.

Weerth, R. (1993): NLP & Imagination. Band II. Paderborn.

Weiß, J. (1990): Selbst-Coaching. Persönliche Power und Kompetenz gewinnen. 4. Aufl. Paderborn.

Wittenzellner, C. (1989): Expedition ins Innere der Systeme. In: Management Wissen, 6/1989, S. 98-111.

AlphaReading

Generatives Lesen und persönliches Wissensmanagement

Lesen ist heute wichtiger denn je. Nur hat es keinen Sinn, lediglich schneller und mehr lesen zu wollen, wenn nicht gleichzeitig dafür gesorgt wird, dass sich die neuaufgenommenen Informationen mit den schon vorhandenen so vernetzen, dass neue und kreative Gedanken entstehen. Eines der effektivsten und gleichzeitig schnell zu erlernenden Werkzeuge um dies zu erreichen ist AlphaReading.

AlphaReading ist eine Komposition von effektiven Arbeitstechniken um das *Schnellst-Lesen* - das so genannte Flächenlesen - herum. Es handelt sich dabei um eine Art Quantensprung vom Zeilenlesen über das Absatz- oder Abschnittslesen zum Seitenlesen, möglich geworden durch den konsequenten Einsatz von speziellen NLP-Methoden.

Seit 1993 haben wir das Flächenlesen weiterentwickelt und *beschleunigt*. So verbinden wir Modelle des AlphaReadings mit dem modernen Zeitmanagement der 4. Generation und erreichen dadurch eine größere Sinnhaftigkeit des Lesens. Was dabei herauskommt? Beispielsweise:

- **Leselust:** je mehr Texte auf Sie warten, desto neugieriger werden Sie; altbewährte Lesestrategien werden dabei weiter verfeinert.
- **Chaos-Kompetenz**: parallel mehrere Bücher, Artikel oder sonstige Texte im Hinblick auf klar definierte Ziele zu bearbeiten und dabei gleichzeitig ca. dreiviertel der sonst erforderlichen Zeit einzusparen.
- **Exzellenz des Selbstmanagements:** Sie erkennen, was in Ihnen steckt – vor allem im Hinblick auf das lebenslange Lernen.

Information zur Aus- und Fortbildung in NLP in Deutschland